KB056359

초격차 성공 수업

어떻게 원하는 삶을 살 것인가?

초격차
성공 수업

유근용 X 허준석 지음

체인지업
CHANGEUP

초격차로 앞서 나가고 싶은
1인 기업인을 위한 도구

'나는 신발이 없다고 울적해 했다. 거리에서 발이 없는 사람을 만났을 때까지.'

드라마 〈미생〉에 나오는 구절이다. 가끔 우리는 착시 현상으로 자신을 바라보곤 한다. 객관적으로 처한 상황 이상으로 자신을 동정 어린 눈빛으로 보기 때문이다. 특히 나에게 없는 것, 부족한 것, 부모님이 물려주지 않은 것만 보면서 자신을 한계 짓고 포기의 명분을 찾는 사람들이 있다. 막상 자신보다 더 가진 것이 없는 사람이 열심히 성과를 이뤄 나가는 모습을 본다면 이들의 마음은 싹 바뀔 것이다.

바로 이것이 우리가 책을 쓴 이유다. 우리도 가진 것이 없었고, 물려받은 것도 없었다. 평범이라고도 하지 못할 정도로 그 이하를 밑돌았다. 그러나 우리는 절대로 놓지 않았다. 반드시 성공에 이르겠다는 의지 그리고 끝없는 시행착오를 겪으면서도 결코 포기하지 않겠다는 결심을 말이다.

답답하고 쪽팔리던 시절들

'초격차 성공 수업'.

남들과 비교해서 '어느 정도의 격차'만 나도 감지덕지할 것 같은데 거기서 더 나아가 '초격차 성공'이라니! 이 책을 읽는 이로 하여금 너무 과도한 목표를 부여한 것 같기도 하고 부담스러울 수도 있겠다는 생각이 든다. 하지만 한 가지 확실한 것은 결코 과장되고 허황된 목표만은 아니라는 점이다.

유근용 저자는 가난한 집안에서 부모님의 사랑을 받지 못했으며 학교에서는 싸움질하는 문제아였고 청년 시절에는 음식 배달로 생계를 연명해야 했다. 하루의 많은 시간을 맥도날드 라이더 대기 장소에서 보냈고, 혹시나 아는 사람이 자신을 볼까 봐 움추러든 채 있어야 했다. 그러던 어느 날 실제로 친했던 형이 배달 소식을 듣고 유근용 저자에게 이렇게 이야기했다.

"야… 너는… 왜 이런 걸 하냐…."

중간 중간 말이 끊길 때마다 더 괴로웠다. 차라리 속사포처럼 말을 쏘아 댔다면 나았을 것이다. 말과 말 사이에 형이 내뱉는 그 짧은 한숨이 자존심을 한계까지 밀어붙였다. 그 형은 한마디를 더 남기며 마지막 카운터 펀치를 날렸다.

"원하면 우리 회사에서 일하게 해 줄게. 생각해 보고 연락해라."

그 형은 유근용 저자가 '제대로 되지 않은 삶'을 살고 있다고 생각했을지도 모른다. 그때 나이 32살. 성인이 된 이후 12년의 인생이 전부 부정당하는 느낌이었다.

허준석 저자는 평범한 교사였다. 그래도 교사는 좋은 직업이 아니냐고 반문할 수도 있겠다. 연금도 있겠다, 안정되겠다, 뭐 힘들 것이 있느냐고 말할 수 있다. 하지만 매년 퇴직하는 신임 공무원이 적게는 5,000명, 많게는 9,000명에 이른다. 그 어렵고 힘든 시험을 통과해 놓고도 그렇게나 많은 사람이 그만둔다는 것은 공무원 혹은 평생직장이라고 마냥 만족스럽고 행복하지는 않다는 사실을 알려 준다. 교사라는 직업도 이 범주에서 크게 벗어나지 않는다. 가끔은 '정말 때려치우고 싶은 직업'인 것이다.

교사 생활을 하면서 진급하는 케이스는 교장 선생님이 되는 건데, 이게 참 아이러니한 면이 있다. 진급을 꿈으로 설정한 사람들은 일단 어느 정도 나이를 먹어야 한다는 것. 머리가 히끗히끗해지는 그 나이가 되었을 때 겨우 꿈에 도달한다는 것은 누군가에게는 답답해 견딜 수 없는 일이다. 거기다 교사의 월급은 생각보다 많지 않다. 15년을 일하면 300만 원 조금 넘게 받는 수준이다.

인생의 레벨을 꼭 돈으로만 따질 수는 없지만 반드시 따져 봐야 할 것도 돈이다.

'우리는 지금 얼마의 돈을 벌고 있을까?'

허준석 저자가 맨땅에서 자신만의 브랜드를 만들고, 교사를 그만둔 뒤 만들어 낸 실제 가치와 수익은 과거 수입의 최소 10배 이상이다. 2~3배 정도 많다면 '격차'라고 할 수 있겠지만, 이 정도라면 충분히 '초격차'라고 할 만하지 않을까?

실행의 경로를 알려 주는 선명한 화살표

이 책은 우리가 실천했던 지난 20년의 성공 노하우를 '밸런스'와 '사이클'이라는 두 가지 개념으로 설명하고 있다. 방법을 안다고 모두 성공에 이를 수는 없겠지만, 방법을 모르는 상태라면 열정은 반복적으로 낭비될 뿐이다. 그래서 우리는 우선 1인 기업을 시작하는 최초의 경로와 세부 전략을 제시하고, 그 과정에서 자기계발에 적용할 수 있는 '밸런스'와 '사이클'의 구체적 방법을 설명하려고 한다.

새로운 길을 걷고자 할 때 가장 고민되는 것은 '경로'다. 모르는 경우가 대부분이다. 자동차를 운전하려고 하는데 내비가 고장나 있다면 얼마나 답답할까! 반면 내비의 선명한 화살표가 등장한다면 그것만으로도 속이 뻥 뚫리는 느낌을 받을 것이다.

PART 1에서 그 화살표를 제시한다. '이 방법대로 한 단계씩 전진하면 됩니다'라는 느낌으로 서술했으니 자신의 삶을 대입해 전진의 전략을 짜면 될 것이다. 학력이나 경력 부분에서 부족함을 느끼는 사람도 어떻게 자신만의 브랜드를 만들고 그것을 토대로 1인 기업으로 성장할 수 있는지에 대한 노하우를 충분히 얻을 수 있다.

PART 2에서는 유근용 저자의 경험담과 통찰을 바탕으로 '밸런스'의 방법을 제공한다. 밸런스는 누구나 알다시피 균형을 의미한다. 사람은 뛰기 전에 자세를 잘 갖춰야 한다. 몸이 삐딱하거나 감정 상태가 한쪽으로 기울어져 있다면 지고 시작하는 게임이 될 가능성이 높다. 그런 점에서 마인드와 생활의 측면에서 어떻게 밸런스를 잡을 수 있는지를 알려 준다.

PART 3에서는 허준석 저자가 걸어왔던 길을 토대로 '사이클'을 어떻게 돌리는 게 효율적인지를 언급한다. 이 방법은 매번 도전만 하다 실패하고 또다시 도전하는 악순환에서 벗어나게 해 줄 것이다. 또한 점점 그 레벨을 높여 고차원의 사이클로 진입하는 방법을 제공한다. 무엇보다 초격차의 성공으로 가는 길에서 '실행력'이 얼마나 중요한지, 어떻게 그것을 갖출 수 있는지도 깨달을 수 있다.

우리도 제대로 된 신발이 없어서 울적한 때가 있었다. 무엇이든 하겠다는 의지는 충만했지만, 도대체 뭘 어떻게 해야 하는지를 몰라 답답한 적도 있었다. 한때의 우리처럼 울적하고 답답한 마음을 가진 모든 독자가 가슴 설레는 '초격차의 항해'를 할 수 있기를 기대한다.

2022년 1월

유근용, 허준석

차례

PART 1
1인 기업가의 성공 비결, 무엇부터 시작해야 할까?

1장. '초격차'를 위한 근본적 태도

PART 2
밸런스를 지키면
절대 무너지지 않는다 - By. 유근용

3장. 나를 채워 넣어야 밸런스가 작동된다

PART 3
사이클을 돌리면
힘차게 나아갈 수 있다 - By. 허준석

5장. 사이클을 돌리기 위한 예비 작업

PART
1

1인 기업가의 성공 비결, 무엇부터 시작해야 할까?

지금은 개인 브랜드의 시대로 1인도 얼마든지 사업을 할 수 있다. 굳이 회사에 들어가지 않고도, 단체에 가입하지 않고도 자신만의 능력으로 미래를 개척해 나갈 수 있다. 하지만 언제나 새로운 시도는 두려움에 가로막히는 법이다. 손에 지도를 들고 있어도 구체적인 경로를 스스로 짜지 못하면 자신의 길을 찾기는 쉽지 않다.

전문적인 영역이라면 세세한 지름길은 스스로 찾아 나가야 하겠지만, 첫 발걸음은 대부분 비슷한 경로를 거친다. 지금부터 조언하는 이 단계를 거치면 서서히 자신의 브랜드가 축적되면서 앞으로 걸어갈 길에 대한 확신을 가지게 될 것이다.

1장.
'초격차'를 위한 근본적 태도

초격차의 본질은 출발선에서 시작된다. 드라마틱한 역전이나 막판에 온 힘을 다하는 것은 스포츠에서나 가능하다. 비즈니스의 세계에서는 초반에 어떻게 세팅을 하느냐가 매우 중요한 문제로 작용한다. 그래서 '시작하는 힘'이 무엇보다 중요하다.

다행히 초격차의 출발선에서는 학력이나 경력, 전문성이 있어야만 성공으로 이어지지는 않는다. 물론 조금 더 도움이 될 수는 있겠지만 이런 것들이 없다고 불가능하지는 않다는 이야기다. 지금부터 필요한 것은 지난 과거에 대한 후회와 지금 없는 것에 대한 아쉬움의 토로가 아니라 미래에 대한 희망과 있는 것에 대한 자신감이다.

아무것도 없는 나는 무엇으로 1인 기업을 시작할 것인가?

전문 분야가 있다면 무엇인가를 시작할 여력이 있을 것이다. 하지만 많은 사람이 그렇지 않다. '전문'이라고 하기에는 좀 애매하고, 어떻게 보면 취미 수준인 사람이 많다. 후자는 처음 그물을 손에 쥐고 배에 오른 사람과 비슷하다. 도대체 이 배 아래의 바다에는 어떤 물고기가 있을까? 얼마큼 잡을 수 있을까? 고민이 되기도 한다.

이럴 때 해야 할 것은 말 그대로 '하는 것'이다. 어떤 기대도 가지지 않고 우선 그물을 바다에 던져 봐야 그때 비로소 어떤 어종이 있는지, 한 시간에 몇 마리나 잡을 수 있는지를 알 수 있다. 그물 던지는 실력은 아무 상관이 없다. 일단 던져 봐야 모든 것에 '시동'이 걸린다.

의심과 결심이 뒤섞인 시간들

2010년경에만 해도 블로그의 영향력은 대단했다. 당시 '파워 블로거'는 때로 관련 분야나 시장을 들썩이게 할 정도였다. 그들은 매우 멋지게 콘텐츠를 만들어 냈고 많은 사람이 그들을 따랐다. 나(유근용) 역시 파워 블로거가 되면 나만의 일이나 사업을 할 수 있을 것 같았다.

그렇게 블로그를 개설했지만 한 달에 1~2개의 포스팅만 할 뿐, 그다지 활성화하지 못했다. 무엇을 써야 할지 몰랐고, 어떤 식으로 진행할지에 관한 계획도 없었다. 당시에 영어에 관한 열망이 매우 강해서 우선 영어를 해 보면서 새로운 활로를 모색해 보고자 했다. 영어 학원에서 일을 하면 하루 종일 영어를 쓸 수 있지 않을까 싶었다.

다행히 그곳에서 특강을 하러 오신 분과 친분을 맺게 되었고 자신의 삶을 당당하게 개척해 나가는 그분에게 의지하면 나에게도 뭔가 새로운 변화가 찾아올 것 같았다. 그래서 간곡히 부탁해 그분의 일을 도와주기로 했다. 온라인 카페에서 열심히 활동하고 그 와중에 그분께서 내는 미션도 차근차근 시도해 봤다.

처음에는 부푼 마음으로 하나하나 수행해 나갔지만 시간이 흐를수록 '이게 도대체 나에게 무슨 의미가 있지?'라는 의문이 들었다. 지시에만 따를 뿐 내가 그걸 왜 해야 하는지조차 모르는 상태가 되었다. 새롭게 내 삶을 계획하겠다고 시작한 일을 하는 동안 오히려 내 삶의 비중은 점점 사라져 가고 있었다.

내가 그런 상황에 처한 이유는 딱 하나뿐이었다. 실력이 없었고, 나만의 전문 분야, 나만의 브랜드가 없었다. 결국 누군가에게 종속되는 삶이 진행되었다. 결국 다시 처음으로 돌아와 모니터 앞에 섰다.

"되든 안 되든 관심 있는 분야를 포스팅하면서 내 브랜드를 키워 보자!"

그러고는 닉네임을 새로 만들었다.

'초인 용쌤'.

부족하지만 '초인'이 되고 싶은 나의 꿈과 희망이 섞인 닉네임이었다. 책을 좋아하니 관련 리뷰나 독서법 노하우도 올리고, 영어에도 관심이 있었으니까 영어로 된 명언도 올려 봤다. 그때는 채식에도 관심이 있었기 때문에 건강에 대한 정보도 올렸다. 어떻게 보면 전략이 없는 막무가내 포스팅이었지만, 당시 내가 할 수 있는 일은 그것밖에 없었다. 하루에 적게는 3개, 많게는 9개까지 올렸다. '이렇게 마구잡이로 올려도 되는 건가?' 하는 생각이 들었지만, 그렇다고 기왕 시작한 것을 포기할 수는 없었다.

그렇게 의심과 결심이 뒤섞인 5~6개월의 시간이 흘렀다. 그때부터 내 블로그에 들어오는 사람들의 '추세와 관심'이 서서히 모습을 드러내기 시작했다.

포스코와 출판사로부터의 연락

어느 정도 데이터가 쌓이면 그 안에서의 일정한 흐름이 보이게 된다. 수개월간 300개가 넘는 포스팅을 하다 보니 클릭수가 많은 글과 적은 글이 확연하게 드러났고 그 카테고리도 눈에 보이기 시작했다. 내 블로그에 들어오는 사람들은 '독서 노하우와 자기계발'에 상당한 관심을 가지고 있었다.

그때부터 다른 분야는 모두 포기하고 오로지 두 분야의 글을 줄기차게 올렸다. 그리고 콘텐츠의 스펙트럼을 조금 더 넓히기 시작했다. 리뷰만 올리는 것이 아니라 책을 읽는 과정과 그것을 실천하는 나의 노력까지 함께 올리면서 좀 더 많은 공감을 끌어냈다. 네티즌들 역시 조금씩 나를 '초인 용쌤'이라고 부르기 시작했고, 나는 조금씩 나의 전문성이 강화됨을 느꼈다.

이후에는 좀 더 결집력이 강한 카페로 확장했다. 뜻이 맞는 후배 4명과 함께 본격적으로 독서 및 자기계발 카페를 운영했다. '어썸피플(현재는 운영하고 있지 않음)'이라는 이름의 카페에는 1만 6,000명이나 되는 사람이 모였고, 매우 그럴듯한 모양새로 운영되었다. 그렇게 또 4년의 시간이 흘렀다. 드디어 나에게 충격적인 두 가지 제안이 들어왔다.

대한민국 사람이라면 누구나 다 아는 대기업 포스코. 포스코의 사내 블로그를 담당하는 협력 업체에서 연락이 왔다. 사내 블로그에 자기계발 관련 글을 좀 써 달라고 했다. 글 한 편당 20만 원이라는 적지 않은 금액이었다. 우리나라 최고의 인

재들이 일하는 곳에서 나의 글을 원한다니, 정말로 흥분되는 일이 아닐 수 없었다. 그때부터 나만의 독자적인 영역을 구축하는 데 더욱 속도를 낼 수 있었다.

다시 1년의 시간이 흘렀고 두 번째 제안이 왔다. 바로 출판사였다. 한 출판사에서 독서법 책을 기획하고 있는데, 내 블로그의 방향과 맞으니 한 번 해 보자는 제안이었다. 역시나 충격이었다. 그때만 해도 내가 책을 쓴다는 것은 상상도 하지 못했다. 책이란 유명한 사람, 성공한 사람, 대단한 사람만이 쓴다고 알고 있었다.

내 콘텐츠가 먹힌다는 생각에 제안서를 써서 다른 출판사에도 이메일을 보냈더니 순식간에 20군데에서 연락이 왔다. 나는 그중 10군데와 미팅하고 최종 한 군데를 선택해 책을 발간했다. 감사하게도 국내 자기계발 베스트 순위 2위까지 오르는 영광까지 누렸다. 당시 경험은 나를 완전한 1인 기업가와 나만이 구축한 브랜드의 세계로 인도해 줬다.

'독서 전문가 초인 용쌤.'

'책을 읽고 열심히 실천하는 열정적인 청년.'

'책을 통해 자신의 삶을 변화시키고 타인의 삶을 이끌어 주는 사람.'

1장. '초격차'를 위한 근본적 태도

강의가 물밑듯이 쏟아져 들어왔다. 전국의 도서관, 학교, 공공기관에서 강의 요청이 들어오면서 강사의 삶이 시작되었다. 많게는 1년에 100회에서 150회. 강의료 수입만 7000만 원이 넘을 때도 있었다.

이 일련의 과정을 두고 '당신에게만 해당하는 우연'이라고 말할 수도 있다. 그럴지도 모른다. 이것은 우연일 수도, 우연이 아닐 수도 있다. 다만 그보다 중요한 것은 불안한 시기에도 처음 한 결심을 놓지 않았고, 면밀하게 나의 길을 관찰했으며, 조금씩 더 성장하려고 노력했다는 점이다. 특히 '존버의 힘'은 가장 강력한 발판이 되어 줬다. 5년이라는 오랜 세월 블로그를 하면서 견디면 곧 생존의 길로 들어설 수 있다는 사실을 믿었다. 맥도날드 라이더 대기 장소에서도 책을 놓지 않았고, 한 달에 겨우 100만 원이 넘는 월급으로 밥 사먹을 돈을 아끼면서 견디고 또 견뎠다.

이렇게 할 수 있었던 배경에는 간절함이 있었다. 당시의 나는 더 물러설 곳도 없었다. 처음 블로그를 시작할 때가 29살이었으니, 자칫하면 아무것도 얻지 못하고 40살을 맞아야 할 처지였다.

'Just Do it'이라는 광고 카피를 만든 기획자는 이 카피를 만들기에 앞서 다음과 같은 질문을 떠올리며 영감을 얻었다고 한다.

"실패 가능성이 높지만 마지막으로 도전해야 한다면 어떻게
해야 할까?"

즉 '그냥 해 봐'라는 가벼운 뉘앙스의 카피가 아니다. 마지
막 도전, 매우 위험한 도전에 앞서 자신에게 혼신의 힘을 불어
넣는 외침이며, 세상에 맞서겠다는 결사적인 언어이기도 하다.
　전문 분야가 없다고, 무엇을 어떻게 해야 할지 모르겠다고
주저할 필요는 없다. 블로그, 유튜브, 인스타그램 3개 중에 최
소한 2개는 치열하게 붙들고 견디며 나아가는 것이 바로 1인
기업의 출발점이다. 사람들의 관심을 끌고 그들이 나의 옆자
리로 바짝 당겨 앉을 때를 위해 공부하고, 타이밍 맞게 정보와
지식을 제공해야만 한다. 나는 5년이 걸렸지만, 누군가는 2~3
년 만에 해낼 수도 있다. 길다면 긴 시간이지만, 자신의 인생을
바꾸는 시간으로는 그리 길다고 볼 수도 없다. '다른 건 몰라도
이 분야만큼은'이라는 오직 나만이 할 수 있는 온리 원(Only One)
이 되겠다는 간절함이 있다면 바로 지금이 미래를 향해 출발
할 시간이다.

'되겠다'가 아니라
'살겠다'로 바꿔 보자

여전히 '무엇을 하고 살고 어떻게 돈을 벌지?' 하고 고민하는 사람이 있다면, 고민을 조금 더 쉽게 해결할 수 있는 팁을 주고자 한다.

우선 '나는 무엇이 되겠다'는 목표보다 '나는 어떻게 살겠다'라는 목표를 정하는 것이 좋다. '되겠다'의 범주에는 대기업 사원이 되겠다, 공무원이 되겠다 등이 들어갈 수 있다. 이것은 특정한 직업을 인생의 목표로 설정하는 일이다. 물론 목표를 이렇게 잡은 후에 실현되지 않는다면 그 후폭풍은 적잖이 치명적일 수 있다. 나 역시도 한때 '체육 교사가 되겠다'는 꿈을 꾸었다가 좌절된 후 수개월을 낭비한 적이 있다. 그렇게 오랜 시간 방황하고 깨닫기라도 한 듯 '되겠다'가 아닌 '살겠다'로 질문을 바꿨다. 나는 초창기에 이렇게 다짐했다.

'내가 가진 능력을 누군가에게 나눠 줘서 결과적으로 도움이 되는 삶을 살 거야.'

이런 말을 들으면 '봉사와 헌신하는 삶'이 떠오를 수도 있다. '내가 돈 버는 일'이나 '나에게 도움이 되는 일'이 아니라 그 방향이 타인을 향해 있기 때문이다. 하지만 이 말의 뒤에는 오히려 더 전략적인 비즈니스 마인드가 담겨 있다.

생각해 보면 직업의 세계란 꽤 단순하다. '남들이 하지 않는 일, 하지 못하는 일'을 하면 돈을 벌 수 있다. 대부분의 사람은 자신이 옷을 만들지 않으니 사 입고, 음식을 만들기가 귀찮아서 배달을 시킨다. 이때 옷을 만드는 사람, 음식을 만들고 배달하는 사람들은 그 일을 대신하면서 돈을 번다. 결과적으로 '남에게 도움을 주는 일'을 하면 돈은 자동적으로 벌린다. 따라서 자신에게 이런 질문을 던져 보길 바란다.

'남들이 싫어하고, 불편해 하고, 어려워하고, 짜증 내는 일들이 뭐가 있을까?'

이러한 일들을 생각한 후 자신이 조금 더 수월하게 그 일을 할 수 있다면, 바로 그것이 자신이 구축할 수 있는 공간이 된다. 더 나아가 '되겠다'보다는 '살겠다'는 것이 좀 더 역동적이고 재미있는 삶을 살 수 있는 배경이 된다.

우리는 무엇인가가 한 번 되면 그것으로 만족하는 경향이 있다. 공무원이 되는 순간 나의 꿈은 거기에서 멈추고, 회사에 들어가면 매일 반복적으로 회사 일을 하는 지루한 삶이 펼쳐진다. 하지만 '~게 살겠다'라는 마음을 먹게 되면 공무원이 되든 대기업에 들어가든 나의 꿈은 계속 진행되고 더 나은 단계로 전진할 수 있는 활력이 생긴다.

초격차 성공 수업

브랜딩은
'나의 조각'들을
찾아가는 길

성공적인 독립과 창업에 있어서 '개인 브랜딩'은 알파이자 오메가다. 잘 만들어진 브랜드는 독보적인 캐릭터를 통해 대중의 신뢰를 얻는 산파의 역할을 하며 그 결과 시장에서의 생존력을 기를 수 있다. 그리고 이것을 점점 심화하고 확장한다면 그때부터는 '대체 불가능한 인물'이 되어 충분히 자신의 기업을 이끌어 나갈 수 있다.

하지만 브랜딩의 길에서도 '그럼 대체 무엇부터 시작하지?' 하는 고민을 하게 마련이다. 나(허준석) 역시 단순한 교사의 길에서 더 높은 수준을 지향했으며 그에 따른 브랜딩 고민이 많았던 시절이 있었다. 되돌아보면 개인 브랜딩은 그저 머리에서 나오지 않았다. 내가 멋지게 보이려고 하거나 특정 캐릭터로 치장을 해도 결국 그 브랜드와 캐릭터를 최종적으로 완성시켜 주는 것은 바로 '대중'이다. 즉 완성에 이르기 위해서는 반드시 대중과의 소통을 통해서 '나의 조각들'을 찾아가야 한다.

브랜딩은 소통의 총합이자 평균

내가 걸어왔던 경로는 겉으로만 보면 비교적 단순해 보일 수 있다. '학교 교사 → EBS 영어 강사 → 영어 교육 유튜버 → 영어 교재 및 교양서 집필자'로 영어 교육이라는 하나의 뿌리에 여러 가지를 친 것에 불과하다. 그러나 이 흐름 속에는 겉으로 보이지 않는 하나의 매우 중요한 과정이 스며들어 있다. 그것은 바로 끊임없이 주변 사람들의 피드백을 수집하면서 사람들이 나를 바라보는 그 '조각들'을 하나씩 잡아냈고, 그렇게 브랜드까지 이어졌다는 점이다.

우리는 흔히 브랜드와 캐릭터가 나에 의해 기획되는 것이고 내가 설정한 애초의 생각을 관철시키는 것이라고 생각하지만 사실은 정반대의 과정을 거친다. 예를 들어 '나는 멋지고 용감한 사람'이라는 브랜드와 캐릭터를 만든다고 해 보자. 그런데 여기서 '나'가 하는 여러 행동과 말이 정작 대중에게는 '무모하고 오버하는 사람'으로 비친다고 해 보자. 이럴 때 나의 브랜드는 전자일까, 후자일까? 당연히 후자가 된다. 애초의 내 머릿속 생각과는 관계없이 결정된다는 이야기다. 이와 같이 사람들의 머릿속에는 내 의도와 다른 나에 대한 고정된 캐릭터가 생길 수 있다.

내가 애초에 의도를 가질 수는 있어도 그것이 대중에게 인식되는 과정은 내 결정과 무관하다. 따라서 자신이 대중에게 어떻게 보이고 있느냐를 빠르게 캐치해서 그것을 강화하거나 수정해야만 한다. 그런 점에서 브랜딩이란 '사람들과 소통의 총합이자 평균'이라고 볼 수 있다. 이것은 소통의 과정에서 역동적으로 생겨나는 것이지, 그저 조용한 방에서 내 아이디어만으로 만들어 낼 수 있는 것은 아니라는 의미다. 그래서 '나의 브랜드를 어떻게 만들어 볼까?' 하고 생각한다면 주변의 사람들과 끊임없는 소통과 피드백의 과정을 거쳐야 한다. 나 역시 애초부터 이런 생각으로 활동하진 않았지만 뒤돌아보면 매번 새로운 브랜드로 성장하는 과정에서 이런 '소통과 피드백'이 도약대가 되어 줬다.

학교의 교사는 사실 피드백을 받는 데는 한계가 있다. 매일 마주하는 학생들에게 대놓고 선생님인 나를 평가해 달라고 하기에도 그렇고, 설사 학생들끼리 한다고 하더라도 나는 그것을 들을 수 없다. 물론 교사가 먼저 아이들에게 다가가 "선생님 수업 어때? 선생님의 장단점은 무엇인 것 같아?" 하고 물어볼 수도 있겠지만 그 역시 한계가 있다. 그런 점에서 EBS 영어 강사가 되고 TV 강연의 세계로 들어간 경험은 이러한 한계를 뛰어넘어 소통과 피드백의 기회를 폭발적으로 늘려 줬다. 한 번에 수업을 듣는 학생만 40만 명이 넘었고 또 주기별로 교체가 되었으니 고용의 안정성은 떨어질 수 있었지만 긍정적으로 보자면 그만큼 피드백을 받을 기회가 많았다. EBS 게시판과 당시에 개설한 카페에도 의견이 꾸준히 올라왔다. 학교에서의 한정된 피드백과는 차원이 달랐다.

당신을 설명하는 카피란?

　여러 피드백을 종합했을 때 나에 대한 공통된 하나의 '조각'을 찾을 수 있었다. 그것은 바로 "선생님이 수업 시간 중에 해 주는 이야기가 너무 재미있어요"였다. 사실 재미있으려고 수업에 이야기를 섞은 것은 아니었다. 학생들이 좀 더 편하게 강의를 접하고 흥미를 끌 수 있었으면 하는 마음에 불과했다. 그러나 학생들은 나를 '재밌는 이야기를 해 주는 영어 선생님'으로 인식하고 있었다. 바로 이런 것이 브랜딩에 관한 나의 '조각'이다. 그 후 '아, 나는 스토리텔링에 강하구나. 이 부분을 좀 더 발전시켜야지' 하며 브랜딩의 방향을 잡기 시작했다. 2014년에 오픈한 유튜브에 바로 이러한 스토리텔링을 최대로 강화한 콘텐츠를 올렸다.

　그리고 또 한 번 브랜딩 발전의 시기가 찾아왔다. 그 당시 나는 출판사에 보낼 출간제안서를 작성하고 있었다. 그간 꽤 오랜 기간 영어 강사로 활동했음에도 불구하고 출판사로부터 출간 제안이 단 한 번도 없어서 직접 해 봐야겠다고 생각했다. 그런데 막상 지인으로부터 출간기획안 샘플을 받고 작성을 하려는데 가슴 답답한 질문이 던져졌다.

'그런데 영어 선생님으로서 나는 뭘 추구하는 거지?'
'나를 대중에게 단 두세 줄로 설명할 수 있나?'

출간기획서란 기본적으로 출판사 담당자의 눈길을 끌기 위한 것이지만, 본질적으로는 독자들에게 나를 어필하는 것이다. 그렇다면 나를 핵심적으로 요약하고 내가 추구하는 바를 단도직입적으로 명시해야만 한다. 그런데 당시에는 '도대체 나를 무엇으로 설명해야 하나?'라는 질문에 막혀 버리고 말았다. 영어를 강의하는 사람이 수천 명이 있을 것이고, 심지어 나보다 잘하는 분도 당연히 있다. 그러니 나는 '영어 강의를 잘하는 사람'이라고 해 봐야 브랜드 차원에서는 차별화 전략도 없었다.

결국 고민 끝에 내가 기획한 것은 '영어를 위한 인생이 아니라 인생을 위한 영어를 강의하는 선생님'이었다. 이는 나의 과거를 반추하면서 만들어 낸 캐릭터였다. 사실 나 역시 '영어를 위한 인생'을 살아왔다. 초등학생 때부터 끈질기게 따라왔던 그 지끈지끈한 고민들은 '영어를 위한 인생'의 결과물이었다. 그러나 그런 삶은 바람직하지도 않거니와 즐겁지도 않았다. 따라서 이런 경험을 통해 보다 재미있게 영어를 공부하면서 '인생을 위한 영어'를 그려 나갈 수 있는 브랜드를 잡아 봤다.

물론 이 모든 것은 나의 기획에 불과했고 그다음부터는 출판사 편집자들로부터 피드백을 받아 볼 차례였다. EBS의 경우처럼 많은 피드백을 받는 것이 유리할 거라 생각해서 출판사 이메일 주소를 모으고 또 모았고, 지인의 도움까지 더해서 무려 700곳의 주소를 확보했다. 때마침 부산 강의가 있어서 아침에 KTX를 타자마자 정확하게 700군데에 이메일을 뿌렸다. 지금 봐도 과도하게 많은 이메일을 뿌렸지만, 피드백의 힘을 믿었기 때문에 설레는 마음으로 결과를 기다렸다.

'과연 몇 통의 이메일이 답장으로 왔을까?'

강의를 끝낸 후 올라탄 KTX 안에서 노트북을 열면서 크게 심호흡했다. 메일을 열어보면서 깜짝 놀랐다. 무려 50군데의 출판사에서 나의 제안에 응한 것이다. 이러한 출간의 과정을 거치면서 '영어를 위한 인생이 아닌 인생을 위한 영어'라는 또 한 번의 브랜딩이 출판사 담당자들로부터 인정받았음을 확인했다.

자신의 브랜딩과 캐릭터를 위해서는 1차적으로 스스로 초기 기획을 해야 한다. 하지만 그것에 너무 많은 시간이나 열정을 쏟아부을 필요는 없다. 어차피 사람이 순간적으로 개조되는 것도 아니고 말과 행동을 빠르게 변화시키기도 힘들다. 100의 시간이라면 80은 타인들과 소통과 피드백하며 자신의 강점을 강화하는 것이 더욱 빠른 길이다.

자신의 브랜드와 캐릭터는 단 한 줄로 표현할 수 있어야 한다. 길어 봐야 두세 줄이다. 지금이라도 당장 대중에게 나를 어필할 수 있는 혹은 내가 지향하는 모습을 담은 카피를 적어 보자. 당신의 브랜딩은 바로 거기부터 시작된다.

팬덤의
주인공이 되는 법

성공한 브랜딩에는 반드시 팬덤 현상이 생기게 마련이다. 팬덤이란 특정한 인물이나 분야를 열성적으로 좋아하는 사람들과 그 사람들이 만들어 내는 문화이다. 1인 기업에도 분명 팬덤이 존재하고, 그것이 잘 작동해야 기업이 걸어가는 길이 순탄해진다. 다만 팬덤이라고 해서 연예인과 같은 대규모의 팬덤을 의미하지는 않는다. 단 한 명이라도 '찐팬'이 있다면 일단 팬덤은 시작되었다고 봐도 좋다. 그렇다면 초기에 이러한 팬덤을 서서히 구축해 나가는 방법에는 어떤 것이 있을까?

전문적인 실력으로 어필하기 힘들다면 '열심히 하는 사람', '진정성 있는 사람'이라고 느끼게만 해 줘도 충분하다. 대중은 누군가가 이뤄 낸 성과 그 자체만큼이나 그 성과를 이뤄 내는 과정에서 기울이는 노력과 눈물과 땀에 열광한다. 열심히 살아가는 모습만 보여 줘도 대중은 신뢰를 하고 또 자신도 할 수 있겠다는 꿈과 희망을 가지게 된다. 예를 들어 길에서 위험에 처한 사람을 보고 도와주려 최선을 다하는 사람을 보면 어떨까? 대부분 '그래, 아직 우리 사회도 살 만해'라는 생각과 함께 나 역시 누군가 위험에 처했을 때 도와주겠다는 다짐을 할 것이다. 즉 사람은 자신을 감동시키는 모습을 보는 것만으로도 충분히 공감하는 감정을 느끼게 된다. 따라서 현재 전문성이 부족하다면 열심히 하는 모습이라도 보여 주자.

두 번째는 약간 기술적인 면인데, 대중을 위한 글을 쓰거나 콘텐츠를 만들 때 '반응을 부를 수 있는 방향'으로 제작을 해야 한다는 점이다. 예를 들어 다소 복잡한 사안을 깔끔하게 정리해 주면 "분석과 해설이 너무 시원합니다"라는 반응을 이끌어 낼 수 있다. 또 남들은 감추려는 부분을 피하지 않고 솔직하게 드러내 주면 "정말 진솔하시네요"라는 반응을 얻을 수 있다. 이렇게 특정한 콘텐츠를 만들 때는 반드시 특정한 반응을 염두에 두는 것이 좋고, 이것이 하나둘 맞아들어갈 때 팬덤도 조금씩 강화될 수 있다.

마케팅 이론에서는 1,000명의 팬이 나를 지지해 주면 한 개인이 먹고사는 데 큰 문제가 없다고 말한다. 콘텐츠를 제공하든, 물건을 팔든, 강연회를 열든 '기본'은 갈 수 있다는 이야기다. 더군다나 1,000명까지 끌어올리는 데는 시간이 많이 걸려도 2,000명, 3,000명으로 불어나는 데는 훨씬 짧은 시간이 소요된다. 그러니 비록 느려도 반드시 팬덤을 만들겠다는 생각으로 1인 기업의 사업 방향을 잡아야 한다.

반드시
초격차의 길에 오르는
1인 기업의 특징

'초격차'라는 결과를 만들어 내기 위해서는 반드시 '초격차를 만들어 내는 방법'을 활용해야만 한다. 같은 일을 해도 전혀 다른 결과가 나오는 이유는 바로 이러한 방법론 면에서 큰 차이가 나기 때문이다. 성공은 가용 자원이 많다고 되는 일이 아니다. 좋은 집안, 여유로운 환경에서 자신을 지지해 주는 사람이 많아도 초격차의 길에 올라서지 못하는 경우도 흔하다. 이 방법론에서 가장 중요한 것은 바로 '실행력과 판단력'이다. 실행력이 몸에 해당하는 일이라면, 판단력은 머리에 해당하는 일이다. 이 두 가지가 조화를 이룰 수 있을 때 우리는 초격차의 길로 들어설 수 있다.

쏘고 나서 조준하는 법

창업이나 독립을 할 때 생각이 너무 많은 사람이 적지 않다. 그러다 보니 행동은 느릿느릿하다. 이런 사람들이 전형적으로 보여 주는 특징 중의 하나는 공부를 매우 열심히 한다는 점이다. 관련한 온갖 책을 읽고, 조금이라도 부족한 부분이 생기면 또다시 공부에 몰두한다. 또 하나의 특징은 실행에 앞서 고민이 많다는 점이다.

'해도 될까?'

'했을 때 어떤 문제가 생길까?'

'남들은 나를 어떻게 볼까?'

'그런데 과연 내가 준비가 되긴 한 건가?'

물론 일을 시작하기 전에 반드시 해야 하는 질문이지만, 문제는 여기에 매몰된다는 점이다. 만약 이러한 고민에서 헤어나지 못한다면 실행에 접어들지 못하고, 결과적으로는 다음의 말을 반복적으로 하게 된다.

"빨리 해야 하는데…."
"그때 할걸…."
"했어야 했는데…."
"근데 그때 하면 되었을까?"

이러한 말들은 퇴행적이고 자신감이 결여되어 있으며 후회로 일관되어 있다. 대체로 아직 성공에 이르지 못한 그러나 늘 갈망은 있는 사람들이 자주 하는 말들이기도 하다.

'초격차의 성공'은 큰 성과를 얻어 내는 것이기도 하겠지만, 멀리 보면 빠르게 성공의 고속도로에 진입하고 계속해서 차이를 벌려 내는 일이다. 그런 점에서 일단 실행을 한 뒤 끊임없이 수정을 해 나가는 것이 초격차의 길에 들어설 수 있는 가장 효과적인 방법이다. 이를 두고 어떤 사람들은 '조준하고 쏘지 말고 쏜 뒤에 조준하라'고 말하기도 한다. 물론 논리적으로는 모순이다. 총알이 이미 날아가고 있는 상태에서 조준하는

초격차 성공 수업

것은 불가능하기 때문이다. 하지만 사람의 행동은 총알만큼이나 빠르지 않다. 우선 실행을 하고 주변의 반응과 상황을 살피면서 변화를 꾀해도 충분하다.

경험상 이렇게 했을 때 매우 유용하고 현실적인 수정의 방법을 알게 되었다. 일단 머릿속에서만 고민을 할 때는 과연 그것이 옳은지 그른지 판단이 되지 않는다. 보통 생각은 전진하지 못하고 매번 같은 의문과 질문 속에 매몰되어 주변을 맴돌기 마련이다. 하지만 일단 거친 현실 세계에 부딪히게 되면 무엇이 어떻게 잘못되었는지를 매우 빠르고 정확하게 파악할 수 있다. 특히 이렇게 실행을 먼저 하고 수정을 해 나가는 사람은 실패를 실패라고 규정짓지 않고 충분한 경험을 얻었다고 생각하는 경향이 매우 강하다.

강의를 하다 보면 수강생들이 늘 하는 질문이 있다. 바로 "어떤 책을 읽어야 할지 추천해 달라"는 것이다. 나는 그럴 때마다 "책을 절대로 읽지 마세요"라고 한다. 강의에만 집중하면 필요한 부분은 일단 배울 수 있다. 책은 부족한 것을 보완하고 실행에 들어갔을 때 필요하다. 즉 책을 읽고 이론을 공부하기보다는 우선 경험을 한 뒤 이론을 보강하는 방법이 훨씬 낫다는 이야기다. 앞에서 이야기했듯 '쏘고 나서 조준하는 법'이다. 이때 책을 읽으면 집중력이 훨씬 강해지고, 닥친 현실의 문제를 해결해야 하기 때문에 매우 간절한 상태가 된다. 책의 내용이 머릿속에 쏙쏙 들어오고 한 번 읽은 것도 잘 잊지 않는다.

상산사세의 방법으로

초격차의 길에 올라서는 두 번째 방법은 바로 냉정한 판단을 하는 것이다. 대체로 스스로를 관대하게 평가하는 경향이 있고 미래를 지나치게 낙관하는 사람들이 실패한다. "잘되겠지 뭐"라는 말이 대표적이다. 물론 낙관적인 자세를 갖는 것은 매우 중요하다. 다만 자신을 잘 분석하고 미래를 대비하며 낙관적인 자세를 갖는 것과 그렇지 않은 상태에서 낙관적인 자세를 갖는 것은 완전히 다른 결과를 가져온다.

자신에게 지나치게 관대한 사람의 배경에는 자신감 부족이 있을 수 있다. 무의식적으로 자신감이 없는 상태를 회피하기 위해 오히려 자신을 관대하게 바라보면서 부족한 자신감을 채워 나가는 것이다. 하지만 이러한 자신만의 생각에 근거한 빈약한 자신감이 현실에서 제대로 된 결과를 불러올 일은 만무하다. 그런 점에서 자신의 능력에 대해서는 최대한 보수적으로 판단할 필요가 있다. 예를 들어 현재 직장에 다녀서 100을 번다면, 독립 후에 그것이 30에서 50으로 뚝 떨어진다는 전제를 해야만 한다.

이러한 냉정함은 경쟁자를 평가할 때도 적용되어야 한다. 흔히 자신과 경쟁할 만한 사람을 분석한 후 "별것도 없는데 왜 그렇게 인기가 좋은지 모르겠어"라거나 "나보다 아는 게 없는데 사람들에게는 어필이 잘되네"라는 말을 하곤 한다. 심지어 경쟁자를 비꼬는 투로 "참, 돈 쉽게 벌어"라고도 말한다. 그런데 이런 판단과는 다르게 경쟁자는 자신보다 5배, 10배를 더 똑똑하다고 봐야만 한다. 그 경쟁자야말로 사람들에게 어필하는 능력, 인기를 끄는 자질을 누구보다 잘 알고 실천하고 있기 때문이다. 따라서 사람들이 왜 경쟁자를 좋아하는지, 무엇 때문에 인기를 얻는지를 파악해야 하며, 그 결과에 겸손할 필요가 있다.

상산사세常山蛇勢라는 고사성어가 있다. 유능한 장수는 상산에 사는 뱀 솔연과 같은 기세로 싸워야 한다는 데서 유래했다. 이 뱀 솔연은 머리를 때리면 꼬리가 날아오고, 꼬리를 때리면 머리로 공격한다. 중간 몸통을 공격하면 머리와 꼬리가 한꺼번에 달려든다. 초격차의 길도 이와 크게 다르지 않다. 거칠게 전진하면서도 세심하게 방향타를 맞추고, 매 순간 나와 경쟁자를

45

냉정하게 분석하면서 이것을 다시 실행에 반영하는 방식이다. 이렇게 유기적이고 종합적으로 자신을 통제하고 관리할 수 있을 때, 우리는 비로소 초격차의 고속도로에 오를 수 있게 된다.

이미 잘나가는 사람들이 많은데
나도 낄 수 있을까?

새로운 분야로 진출한다고 할 때 가장 많이 하는 걱정 중
의 하나가 '저렇게 경쟁자가 많고 이미 크게 성공한 사람들이
있는데 과연 내가 낄 틈새가 있을까?'라는 것이다. 어떻게 보
면 이는 '상권 분석'과 비슷하다. 특정 지역에 삼겹살집이 너무
많으면 경쟁력이 떨어진다고 생각하게 된다. 하지만 브랜드를
만들고 1인 기업으로 커 가는 일은 짧은 기간에 승부 보는 일
이 아니다. 길게 보면 어느 순간 기존 시장의 지배자들은 다음
단계로 진입하고, 원래 포화였던 영역은 공백으로 남게 된다.

조금 단순하게 비유를 들어 보자. 동네에서 구멍가게를 하
던 사람이 있다고 해 보자. 장사가 잘되고 돈을 벌면 사람은 자

연스럽게 좀 더 커지고 발전된 상태를 꿈꾸게 된다. 더 이상 구멍가게가 아닌 '마트'를 운영하고 싶어진다. 그렇게 구멍가게를 정리하고 돈을 끌어 모아 마트를 연다. 바로 이때 나에게는 구멍가게를 열 수 있는 새로운 시장이 열린다. 만약 마트를 운영하던 사람이 돈을 더 많이 번다고 하자. 그러면 한 단계 위인 마트들에게 물건을 공급하는 유통사를 꿈꿀 것이다. 내부 사정을 속속들이 알다 보면 보다 더 빨리, 많은 돈을 벌려는 생각이 들기 때문이다. 이제 마트를 그만두고 유통사로 진입을 한다. 꾸준하게 구멍가게를 했던 나에게는 또다시 마트로 한 단계 격상시킬 수 있는 기회가 온다.

시장은 끊임없이 돌고 돌면서 역동적으로 움직인다. 기존의 경쟁자는 다른 분야로 이동하거나 망한다. 이런 세찬 흐름속에서 비로소 '나의 시장'이 열린다. 영어 책과 부동산 경매책은 20년 전에도 나왔고, 20년 뒤에도 나올 것이다. 누군가는 해당 분야의 '절대 강자'라는 평가를 받지만, 어느 순간 그자리는 다른 사람에게 넘어가곤 한다. 따라서 기존 시장의 경쟁자 혹은 지배자가 있다고 하더라도 너무 움츠러들 필요는 없다. 중요한 것은 나만의 차별화다. 틈새를 뚫고 나의 고객에게 전달될 수 있느냐 하는 문제이기 때문이다.

성공한 사람이 증명하는 것

언제부터인가 소위 '성공한 사람'을 바라보는 시선이 많이 달라졌다. 예전에는 '와, 멋있다', '어떻게 저렇게 할 수 있을까, 대단하다'라고만 생각했다. 그들의 빛나는 현재의 성과와 모습이 무척 부럽기도 했다. 하지만 지금은 그렇게만 보지는 않는다.

"아, 얼마나 많은 실패를 했길래 저렇게 될 수 있었을까?"

"저분도 참 고생이 많았겠다!"

단순히 관점의 차이나 그 사람의 성공이 부러워 깎아내리려는 것이 아니다. 이것은 성공과 실패를 대하는 근본적인 태도의 변화이다. 여전히 성공한 사람을 보면서 '와, 멋있다', '어떻게 저렇게 할 수 있을까'만 생각한다면 성공의 매우 중요한 비밀 하나를 간과하고 있다고 봐야만 한다. 초격차의 길에 들어서는 데 있어 가장 비중 있는 장애 중의 하나인 이 실패에 대한 시선을 교정해야 한다.

또 좌절했다고? 대단한데?

성공한 사람이 증명하는 것은 사실 그가 해 왔던 수많은 실패다. 그간 수없이 많은 실패를 해 왔기에 성공을 할 수 있었다. 우리는 당장 눈앞에 보이는 것만 받아들이기 때문에 그 성공 스토리의 뒷면으로 접근하기가 어렵다. 그래서 그 사람이 느닷없이 성공한 것처럼 보이겠지만, 그 사람은 이미 수많은 어두운 터널을 건너오며 상처를 고스란히 지니고 있다. 보이지 않을 뿐이다.

성공을 바라보는 시각만큼이나 '좌절'을 바라보는 시각도 달라졌다. 좌절했다는 사람을 보면 참 안쓰러운 마음이 든다. 한편으로는 상대방을 위하는 마음에서 "그러게, 좀 잘하지 그랬냐"라는 말을 하기도 한다. 그런데 어느 순간부터는 다르게 생각한다.

"와, 또 도전해 봤구나. 대단한데!"
"끝없이 도전하는 너의 모습이 정말로 부럽다!"

도전이 없으면 좌절도 있을 수 없다는 점에서 좌절이 있다는 것은 그만큼 신나게 도전해 봤다는 이야기가 된다.

대체로 성공의 확률은 10% 정도라고 한다. 10개를 도전하면 겨우 한 개 정도만이 원래의 생각대로 성공한다는 것이다. 만약 1년에 책을 10권 낸다고 하면, 원래 아이디어는 한 200~300개 정도가 될 것이다. 실패는 부지기수이고 그 안에서 소수의 도전만이 성공에 이른다. 그래서 좌절을 많이 해 본 사람일수록, 자기 삶에 실패의 딱지가 덕지덕지 붙어 있는 사람일수록 성공할 확률은 급격하게 높아진다고 본다. 극작가인 조지 버나드 쇼도 이렇게 말했다.

"나는 젊었을 때 10번 시도하면 9번 실패했다. 그래서 10번씩
시도했다."

'실패하는 자만이 성공에 이를 수 있다'는 사실을 말해 주
고 있다. 이러한 실패는 '똑똑한 실패'라고 볼 수 있다. 이는 경
영학에서 나오는 말이다. 이 실패는 바람직한 실패이며 한 회
사가 경쟁에서 승리할 수 있는 귀중한 지식을 알려 주는 실패
이다. 그런데 이런 류의 실패는 대개 미개척 분야를 걸어갈 때
생긴다고 한다. 예를 들면 그 누구도 개척해 보지 못한 시장을
개척한다거나 아무도 만들어 보지 못한 혁신적인 제품을 만들
때 발생한다. 엄밀하게 들여다보면 이러한 실패일수록 빨리 하
는 것이 낫다. 그 누구도 길이나 해답을 알려 주지 않기 때문에
뭐가 잘못된 것인지를 빨리 인지해야 성공으로 향하는 방정식
을 스스로 만들어 낼 수 있기 때문이다. 그래서 이런 실패는 정
말로 일을 망치는 실패라기보다는 단순히 '정답을 찾아가는
과정의 하나'로 봐야 한다. 물론 나쁜 실패도 있다. 예상이 충
분히 가능한 상태에서도 게으름이나 긴장을 풀어 버려서 하는
실패다.

카약 수업에서 얻은 교훈

    실패를 논할 때 우리에게 가장 먼저 필요한 것은 '실패를 편안하게 받아들이는 마음'이다. 여기서 편안하다는 의미는 자신의 실수와 잘못을 애써 외면하자는 것이 아니라 '당연히 그럴 수 있다'고 전제하는 일이다. 사람은 대체로 자신에게 불편한 것, 자신에게 손해가 되는 것을 회피하려는 성향이 있다. 심지어 그와 비슷한 생각이 떠오를 때는 고통스러움을 느끼곤 한다. 하지만 회피만 하면 자신의 실패를 제대로 분석할 여유가 생기지 않는다. 잘못을 분석하지 않으니 다음에 또다시 비슷한 실수를 반복한다. 실패를 편안하게 받아들이면 제대로 교훈을 찾을 수 있고 다음번에 실패할 확률도 현저하게 낮아진다.

    사회심리학자 박진영 씨는 한 언론에 자신이 카약을 처음 배울 때의 경험담을 칼럼 형식으로 이야기했다. 첫 수업에서 그가 집중적으로 배운 것은 '물에 잘 빠지는 법'이었다. 그 팁은 크게 3가지이다.

    '물에 빠지길 두려워하지 말 것.'

'어차피 빠질 거라면 버티지 말고 빨리, 원하는 자세로 빠질 것(그래야 이후에 올라오기 때문).'

'장애물이 없는 표면을 확인하고 천천히 올라올 것.'

물에 빠지지 않고 바다 위에서 장거리를 가야 하는 카약의 첫 수업 시간에 배우는 것이 '물에 빠지는 법'이라니! 아이러니하다 싶겠지만 곰곰이 생각해 보면 매우 지혜롭다. 이를 실패에 적용해 보면 다음과 같이 말할 수 있다.

'실패하는 것을 두려워하지 말 것.'

'도저히 성공 가능성이 보이지 않는다면, 회복할 여력이 있을 때 실패를 인정할 것.'

'곰곰이 실패의 과정을 생각해 보고 천천히 다시 도전할 것.'

이 중 특별히 중요한 것은 두 번째다. 실패를 인정하고 싶지 않아 머리로는 안 된다는 것을 알면서도 끝끝내 버티는 경우다. 주변의 시선 때문에, 내가 주변에 뱉어 놓은 말이 있어서, 부끄럽지 않기 위해 억지로 실패를 인정하지 않는다. 그러나 실패의 과정에 소요되는 시간을 낭비하고 많은 에너지를 허투루 쏟아붓는다는 점에서 오히려 다음번 도전에 방해만 될 뿐이다. 우리가 '잘 실패하는 방법'을 실천해 낼 수 있다면, 훨씬 실패를 편안하게 받아들이고 더 질이 탁월한 실행력을 위한 새로운 교훈을 얻을 것이다.

그리고 더 중요한 것은 다시 성공에 도전하기까지 무엇을 하느냐는 점이다. 이제까지 적지 않은 후배들과 함께 일해 봤지만, 무엇인가를 해내는 친구들과 그렇지 못한 친구들 사이에는 매우 확연한 차이가 있었다. 그것은 실패를 했을 때, 문제가 생겼을 때 그들의 근본적인 차별화된 태도였다. 무엇인가를 해내는 친구들은 문제가 생겼을 때 '본질'을 파악하려고 애썼다. 어떤 문제로 실패했을까? 나의 문제인가, 타인의 문제인가를 재빠르게 간파하고 더 나아가 내가 해결할 가치가 있는 것인가에까지 전진해 들어간다. 그러고는 문제의 해결을 위해서 무엇이 필요한지를 파악한다. '노력의 질이 개선되어야 할까, 아니면 더 노력해야 할까?' 그리고 이를 해결하기 위해 주변 사람의 도움이 필요한지 혹은 돈을 들여야 하는지에 대해 구체적이면서도 입체적인 계산을 한다. 또한 자신에게 조력자가 필요하다면 그게 어떤 분야의 어느 정도의 경력을 가진 사람인지도 금세 예상한다.

우리는 성공과 실패를 나누는 단선적인 공식에서 벗어날 필요가 있다. 실패로 가는 길 안에 성공의 기회가 있고, 성공으로 가는 길에는 반드시 실패가 만든 성과가 함께한다. 차분하게 실패의 본질을 파악하고 대처하자. 실패를 너그럽게 보고 성공을 너무 칭송하지 않다 보면 서서히 자신에게도 성공이 다가오고 있음을 알게 될 것이다.

2장.
뻗어 나가는 힘, 장애물을 치우고 대안을 만드는 과정

방향성을 정하고 브랜딩에 대한 감을 잡았다면, 이제 해야 할 일은 주변과의 견고한 협업과 위기에 대한 대응 그리고 성공한 후에 고꾸라지지 않기 위한 자세를 배우는 일이다.

아직 창업創業도 하지 않았는데 수성守城의 방법을 배워야 한다니, 너무 앞선 것이 아니냐고 되물을 수도 있다. 하지만 창업과 수성은 그렇게 확연하게 분리할 것이 아니다. 수성을 염두에 둔 창업이야말로 처음부터 견고하게 시작할 수 있고, 수성의 과정에서도 창업의 초심을 잃지 않아야 한다.

1인 기업의 진로는 계속해서 자신의 앞에 돌출하는 장애물을 치우고, 끊임없이 대안을 만들어 내는 반복 작업이다. 그런 점에서 시작하는 힘도 중요하지만, 뻗어 나가는 힘도 매우 중요할 수밖에 없다.

성찰의 힘으로
추진력을
갖추는 방법

늘 자기계발서를 품에 끼고 사는 사람들이 있다. 오래된 명저부터 최근에 나온 매력적인 표지의 자기계발서들까지 매우 다양하게 섭렵한다. 문제는 그렇게 많은 지식과 정보를 접함에도 불구하고 여전히 모범적이지도 않고, 자기 스스로 만족할 만한 생활을 하지 못한다는 데 있다. 물론 자기계발서라도 읽으면 독서를 꾸준히 하는 것이니 다행이기는 하다. 그러나 자기계발서를 읽는 궁극적인 목표는 자신의 삶을 바꾸는 데 있다. 하나 그것이 이뤄지지 않으니 옆에서 볼 때 다소 안타깝다.

그런데 이런 친구들에게는 비슷한 면이 있다. 그것은 바로 책은 열심히 읽지만 자기 자신에 대한 성찰이 없다는 점이다.

대입과 성찰이 없는 독서

자기계발서는 일반 도서와는 다르게 '변화'라는 아주 구체적인 목표가 있다. 단순히 지식을 쌓거나 시험을 대비하는 공부가 아니다. 따라서 독자는 저자의 말, 그의 과거 삶, 구체적인 조언을 '나의 상황'에 비춰 보고 그것을 자신의 추동력으로 삼는 대입과 성찰의 과정이 있어야만 한다. 음식으로 치면 발효의 과정이다. 아무리 충분한 요리 재료가 있어도 결국 그것이 섞이고 하나가 되어 발효되지 않으면 제 맛을 낼 수가 없다. 따라서 자기계발서를 읽으면서 다음과 같은 질문을 반드시 해봐야 한다.

"저자가 이렇게 했다면, 나는 어떻게 해야 할까?"

"저자의 과거 현실이 이랬다면, 지금 나의 현실은 어떻지?"

"저자가 해 보라는 방법을 나에게 어떻게 적용하면 될까?"

수많은 질문 속에서 독자는 '자신만의 답'을 찾아 나가고 그것을 자신의 삶에 적용해야만 한다. 바로 이것이 대입과 성찰의 과정이며, 궁극적인 목표인 변화로 향해 나아가는 방법이다.

사람의 지능 중 '자기 성찰 지능'이라는 것이 있다. 여기에 대해서는 여러 가지 정의가 있지만, 보통 자신의 정서를 잘 이해하고 조절하면서 미래 설계를 해낼 수 있는 능력이나 개인의 자아실현을 이뤄 내기 위한 결정적인 지능으로 해석한다. 또 다른 정의로는 자신의 장단점을 잘 파악하고 목표와 목적을 효율적으로 달성하게 하는 능력이다. 이러한 지능은 앞에서 이야기한 '대입과 성찰'의 과정에 딱 들어맞는다. '지능'이라고 해서 선천적이지만은 않다. 자기계발서를 읽으면서 대입과 성찰의 과정을 거치게 되면 자연스럽게 길러질 수 있다.

그런데 이러한 과정 없이 책을 읽는 경우가 많다. 물론 그 과정에서 나름의 효과를 얻기도 한다. 단순한 '자극'을 받기 위해 책을 읽는 경우가 여기에 해당한다. 게을러지는 자신을 다잡고 싶을 때, 마음이 혼란하고 목표를 잃어 갈 때 책을 잃으면서 자신을 자극하는 방식이다. 물론 이런 방법의 독서도 충분히 의미 있지만 깊은 성찰과 대입이 없는 순간적인 자극은 오래가지 못하고 자신을 변화시키는 능력을 기를 수 없도록 만든다.

스트레스를 받을 때 매운 음식으로 자극을 받는 것과 비슷하다. 땀을 뻘뻘 흘리면 그 순간에 스트레스도 날아가고 시원해짐을 느낄 수 있다. 그러나 정작 스트레스의 근본 원인은 해결되지 않은 채 계속 남아 있다. 아무리 자주 매운 음식을 먹어도 스트레스는 계속되듯이, 자기계발서로 순간적인 자극을 받아도 결국 궁극적인 변화는 이뤄지지 않는다.

질문으로 시작하면 된다

자기계발서를 읽을 때 또 하나의 문제점은 자기 스스로 '퇴로'를 만들면서 읽을 때 발생한다. 다음과 같은 생각들이 퇴로를 만드는 과정이다.

"그래, 이 사람은 태어날 때부터 금수저였으니까."

"원래 머리가 똑똑했던 거 아니야? 나는 그렇게까지는…."

2장. 뻗어 나가는 힘, 장애물을 치우고 대안을 만드는 과정

"이 사람은 인내심이 대단하네. 그런데 내가 제일 취약한 게 바로 인내심이라서…"

이런 생각들은 도망갈 구석을 만들며, 자기계발서가 주는 온전한 교훈을 받아들일 수 없도록 방해한다.

책을 읽는 독자에게도 문제가 있지만, 자기계발서 자체에도 문제가 있다. 성공은 늘 단계적으로 진행되고, 차근차근 하나씩 이뤄진다. 하지만 자기계발서는 너무 큰 단계의 성공을 제시하면서 충동적으로 움직이게 한다. 아직 발걸음도 떼지 못했는데 날아다니는 모습을 보여 주는 것은 분명 놀라움을 자아내게 하고, 그것을 꿈꾸게 한다. 그러나 발걸음도 떼지 못한 사람이 현실적으로 그것을 수행해 내는 것은 불가능에 가깝다. 따라서 자기계발서가 주는 지나치게 크고 원대한 성공의 신화에 묻혀 오히려 독자는 진짜 변화시켜야 할 자신을 찾아 나가는 데 있어 어려움을 겪는다.

자기 성찰을 어떻게 하는지 잘 모르겠다면, 우선 간단한 '질문'에서 시작하면 된다. 자기 성찰이란 결국 자신을 알아 나가는 과정이다. 그리고 삶의 기준을 타인에서 '나'로 돌려놓는 과정이다.

"내가 좋아하는 것은 뭘까?"

"나의 장단점은 뭘까?"

"나는 어떻게 살고 싶어 하는 걸까?"

매우 쉽고 간단한 질문이지만 의외로 대답하지 못하는 사람이 많다. 이것은 그만큼 성찰의 시간이 부족했다는 것을 반증한다. 문제는 자기성찰이 제대로 되지 않으면 늘 '남의 기준'에 따라서 세상을 바라보고 살아간다는 데 있다. 자신만의 확고한 삶의 기준이 없으면 상황의 변화에 따라서 늘 흔들리고, 자주 흔들리는 만큼 자주 넘어진다. 이렇게 되면 처음으로 되돌아가고 제로에서 시작할 수밖에 없다. 나를 변화시키는 출발점이 자기계발서일 수는 있지만, 그것의 완성은 결국 자기 자신의 힘이라는 사실을 잊어서는 안 된다.

2장. 뻗어 나가는 힘, 장애물을 치우고 대안을 만드는 과정

협업에서의
리스크의 징후와
반대 의견의 처리

혼자만 잘해서 성공할 수 있는 일은 아무것도 없다. 파트너와의 끊임없는 협력 관계와 고객과의 지난한 소통 과정을 겪어야 하기 때문이다. 무언가를 만드는 데에도, 만들어진 무엇인가를 파는 것에도 '협력과 소통'은 필수적 요소다. 특히 사이클이 큰 일에 도전할 때 더욱 절실하다. 혼자 계획하고 실천하는 작은 차원이라면 이런 문제는 현안이 되지 않기 때문이다.

사이클의 성장 과정에서는 다양한 리스크도 반드시 염두에 둬야 한다. 물론 앞으로 어떤 문제가 어떤 방식으로 다가올지는 모르지만, 최소한 '어떤 범주의 일이 나에게 닥칠 것인가'와 '그것에 대처하는 최소한의 방식'만큼은 알고 있어야 한다. 그래야 삐걱대지만 무너지지 않으면서 사이클을 유지할 수 있다.

퀄리티와 시간, 무엇이 더 큰 문제일까?

협업에서 대부분의 문제는 '퀄리티'와 '시간'이라는 두 가지 영역에서 발생한다. 이 둘 중 더 비중이 큰 것을 말하라고 한다면 단연 퀄리티이다. 대체로 사람들은 애초에 계획한 시간보다 조금 늦춰져도 퀄리티는 포기하지 못한다. 시간이야 어떤 방법을 써서라도 조정해 볼 수 있겠지만, 퀄리티 문제는 아예 차원이 다르기 때문이다. 따라서 원활한 협업을 이끌어 내고자 한다면 이러한 퀄리티 문제에 무엇보다 신경 써야 하고 리스크 관리를 해야 한다.

크게 나누면 '소통의 리스크'와 '사람의 리스크', 두 가지가 있다. 첫 번째는 소통의 리스크다. 예를 들어 A라는 과업을 위해 B라는 파트너와 협업을 한다고 해 보자. 일의 목적과 진행에 관해 서로 회의를 하면서 최종적 퀄리티를 함께 설정하기마련이다. 그런데 이때 가장 주의해야 할 점은 B라는 파트너사가 자신이 직접 일을 하지 않고 그것을 다른 업체에 하청을 주는 경우이다. 말을 하고 하청을 줄 때도 있지만 숨기는 경우를 상당수 목격했다.

그 어떤 경우든 일이 하청으로 넘어가게 되면 반드시 문제가 생긴다. 관계의 다리를 넘어서면 오역이 생길 수밖에 없고 애초에 원하는 퀄리티가 나오기는 매우 힘들다. 따라서 소통의 리스크를 줄이기 위해서 하청을 주지 말 것을 사전에 요구해야 하고, 마감 이전까지 계속 소통하고 보고하며 관리를 해야만 한다. 초기 대응을 잘하지 못하면 퀄리티가 엉망인 결과물을 받기 십상이다.

두 번째 리스크는 '사람'이다. 일을 함께하기로 했는데 상대방이 지나치게 자신만만하면 약간 의심의 여지가 생기게 된다. 자신만만해 하는 이유는 크게 두 가지다. 하나는 정말로 베테랑이라 나와 하는 협업은 그리 어렵지 않은 경우다. 이러면 참 다행이다. 하지만 반대로 실력에 걸맞지 않게 지나치게 자신만만해 할 수도 있다. 자신 없는 모습을 보이면 일할 기회를 놓칠까 하는 불안의 마음 때문에 생기는 케이스다. 약한 사람이 오히려 더 큰소리를 치는 그런 격이라고나 할까?

만약 이런 경우에 맞닥뜨리게 되면 상대가 100을 약속했다고 하더라도 50 정도로 기대감을 낮춘다. 그럼에도 30의 퀄리티로 일을 해 오는 최악의 경우가 있는데 그나마 다행인 것은 100을 기대했다면 70을 감당해야 하지만, 50을 기대하고 대비했다면 20만 감당하면 될 일이다. 처음 협업할 때는 최대한 검증된 사람을 소개받아 하지만 매번 다방면의 사람을 소개받을 수는 없다. 따라서 이런 부분도 분명 염두에 둬야만 한다.

다만 이런 일을 겪더라도 너무 실망할 필요는 없다. 다음 번에 협업을 위한 판단을 할 때 기준을 세워 줄 수 있는 매우 좋은 경험이었다고 생각하면 되기 때문이다. 같은 실수를 반복하지 않는다면 이런 경험은 분명 약이 된다.

지나친 자기 확신은 내리막의 지름길

고객과의 소통에서도 리스크가 생길 수 있다. 만약 고객이 문제를 제기하면 심각한 상황이라고 인식하고 대응해야 한다. 만약 이 부분에 있어서 잘못 대응하면 문제가 발생하고 직접

적인 평판이나 매출에도 영향을 끼친다. 가끔씩 대기업들도 소비자와 문제를 일으키는데 이때 매번 일을 더 키우는 것은 기업의 대응 방식이다. 잘못은 인정하지도 않고 대처도 미흡하면 소비자들은 더 화가 나기 마련이다.

다만 그렇다고 무작정 소비자의 말에 복종하듯 끌려가서도 안 된다. 악의적인 사람이 있기도 하고, 기준을 잘못 정하면 더 큰 후폭풍을 맞을 수 있기 때문이다. 따라서 이런 일이 생기면 최대한 상대방의 입장에서 생각하는 것은 물론이고, 오늘까지 성장하는 데 큰 도움을 준 사람에게 조언을 구하는 편이 낫다. 그들은 누구보다 사정을 잘 알고 서비스의 내용에 대해 깊이 있는 이해를 하고 있다. 이 과정에서는 '자신의 생각을 확신해서는 안 된다'는 원칙이 철저히 지켜져야 한다.

성공의 경험이 많을수록 자신에 대한 확신이 강해지는데, 소비자와의 의사소통에서 지나친 자기 확신은 곧 내리막의 지름길이다. 더구나 지금의 세상은 엄청난 속도로 변하고 있다. 과거 10년이면 강산이 변한다고 했지만, 지금은 2.5년 만에 가능하다고 말해지는 시대다. 이는 한때의 성공적인 자기 확신이 시간이 지나면 빠르게 실수를 부르는 자기 오판으로 변할 수 있다는 의미이다.

회사에서도 직급이 올라갈수록 현장 업무에서는 멀어진

다. 이렇게 하는 이유는 미래의 비전과 전략 방안을 구상하기 위함도 있지만, 리스크를 관리하는 것도 매우 큰 업무이기 때문이다. 어떤 회사든, 어떤 조직이든 리스크가 생기지 않을 수는 없다. 중요한 점은 그것을 어떻게 관리해 나가느냐다. 만약 이 리스크 관리에 초기부터 신경을 쓰지 못한다면 협업 면에서 자꾸 흔들리게 되고 그 시간이 길어지면 결국 추락을 면치 못하게 된다. 더 큰 사이클을 원할수록 필연적으로 더 큰 리스크가 기다린다는 사실을 인식하고 늘 준비하는 마음을 가져야 할 것이다.

2장. 뻗어 나가는 힘, 장애물을 치우고 대안을 만드는 과정

'자유롭고 돈 많이 버는
1인 기업'이라는
오해

　　과거보다 1인 기업의 성공 확률이 훨씬 높은 환경이다. 온
라인만으로도 얼마든지 사람들을 모으고, 소통하면서 자신만
의 비즈니스를 전개할 수 있기 때문이다. 그런데 아무래도 혼
자서 기업을 운영하다 보면 장단점이 있을 거라고 예상할 수
있다. 문제는 이러한 장단점이 존재하는 '유형'이다.

　　일반적으로 '장단점이 있다'고 할 때 두 가지가 명확하게 분리되어 있다. 예를 들어 '돈은 많이 버는데 시간이 없다'거나 '처음 시작은 어렵지만 나중에는 쉬워진다'는 식이다. 하지만 1인 기업이 처하는 장단점은 동전의 양면과도 같다. 좀 더 문제가 꼬여 있다.

1인 기업에 대한 오해 그리고 그 오해가 낳는 동전의 양면과도 같은 장단점을 알아보자.

시간이 많아도 '잘' 쓰는 건 아니다

적지 않은 사람이 1인 기업은 '시간이 자유롭다'고 생각한다. 특별히 출근하는 곳도 없고 출근 시간도 정해져 있지 않으며, 더 나아가 평일에 얼마든지 자신만의 여행을 떠날 수 있기 때문이다. 이러한 자유로운 시간의 확보는 돈을 많이 버는 것만큼이나 소중하다. 무엇보다 '진정한 부자'는 돈만 많이 확보한다고 해서 되는 게 아니다. 그 돈을 기반으로 인생을 보다 풍요롭고 의미 있게 살아가야 하기 때문이다.

이런 점에서 1인 기업은 분명 시간의 확보 면에서는 장점이 있다. 문제는 시간이 많고 자유롭게 쓸 수 있다고 해서 꼭

2장. 뻗어 나가는 힘, 장애물을 치우고 대안을 만드는 과정

'잘' 쓴다는 보장은 없다는 데 있다. 게을러지고 자기 통제가 잘되지 않는 것이 가장 큰 이유이다. 여기에서 1인 기업의 '동전의 양면 같은 장단점'의 특성이 드러난다. 많은 그 시간을 효과적으로 쓰지 않을 경우 오히려 사업의 진행이 잘되지 않는 경우가 흔하다.

한 회사원의 예를 들어 보자. 그는 전업 부동산 투자자의 꿈을 키워 왔고 이제 어느 정도 성공의 가도에 올라탔다고 판단했다. 그때 회사원이라는 신분이 장애물로 느껴지기 시작했다. 발품을 팔아서 부동산 물건을 더 많이 봐야 하는데 매일 출퇴근을 해야 하니 일이 빠르게 확장되지 못했다.

결국 고민 끝에 그는 회사를 그만두고 과감하게 1인 부동산 투자자로 변신했다. 그런데 얼마 가지 않아 곧 후회의 파도가 몰아쳤다. 시간이 많으면 발품도 많이 팔고 더 열심히 일할 것 같았는데, 그는 정작 자기 통제가 되지 않았다고 고백했다. 더 늦게 자고 더 늦게 일어나면서 생활 패턴이 불규칙해진 것이 가장 큰 이유였다. 수십 년간 회사 생활을 했으니 최소한 자고 일어나는 것만큼은 습관화되었을 것 같았는데, 막상 퇴직을 하니 그 패턴이 빠르게 무너졌다고 한다. 그는 많은 후회를 했지만 되돌릴 수는 없었다.

이렇게 오랜 기간 조직 생활을 한 사람조차 막상 1인 기업이 되니 제대로 된 통제를 하지 못했다. 조직 생활 경험이 적거나 안 해 본 사람이라면 더 힘들 것이 뻔하다.

시간과 관련한 또 하나의 단점은 전체 시간은 자신이 관리를 할 수 있다지만, 막상 주말도 없고 심지어 가족과 여행을 갈 때도 늘 일이 머릿속을 떠나지 않는다는 점이다. 정해진 날짜에 월급이 나오지 않다 보니 늘 시간 맞춰서 돈을 벌어야 한다는 압박감 그리고 나를 도와줄 사람이 전혀 없다 보니 주어진 일을 홀로 처리해야 하는 문제가 있다. 한마디로 365일 동안 온전히 마음 놓고 푹 쉬는 날이 없다. 바로 이것이 번아웃의 배경이 될 때도 있다.

그리고 이런 일을 겪다 보면 한 가지 결론에 도달하게 된다.

'돈을 절대로 쉽게 벌리지 않는다.'

누구나 아는 이야기지만 매우 뼈아픈 각성을 하게 된다.

돈을 많이 벌어도 늘 상존하는 유동성 위기

2장. 뻗어 나가는 힘, 장애물을 치우고 대안을 만드는 과정

1인 기업은 사업이 어느 정도의 궤도에만 올라도 과거에 받던 월급보다 훨씬 많이 벌 수 있다. 거기다 대체로 1인 기업은 규모가 크지 않은 상품이나 콘텐츠를 위주로 사업 구조가 짜이기 때문에 제조업처럼 자재를 구입하거나 시설에 투자할 일이 별로 없다. 말 그대로 입금이 되는 족족 자신의 순수익이 된다.

그런데 여기서 또다시 '동전의 양면'이 등장한다. 그 입금의 시기가 일정하지 않을 수 있다. '돈은 많이 벌지만 유동성 위기를 겪을 수 있다'는 뜻이다. 출간을 해서 인세를 받는다고 해도 책이 잘 팔리는 시기가 있고 그렇지 않을 때가 있다. 부동산 투자를 한다고 해서 당장 2~3개월 후에 현금을 벌 수는 없다. 강연도 마찬가지다. 계절적 요인도 있고, 상황에 따라서 얼마든지 부침이 있을 수밖에 없다. 따라서 어느 한 시기에 돈을 많이 벌었다고 방심하는 순간 큰 위기에 놓일 수 있다.

마지막으로 '멘탈'의 유지 면에서도 장단점이 있을 수 있다. 혼자서 많은 일을 처리한다는 것은 혼자서 모든 멘탈 문제를 해결해야 한다는 뜻이다. 회사에 다니면서 받게 되는 동료에 대한 의지와 서로 파이팅하는 분위기 그리고 오랜 경험을 한 상사가 알려 주는 노하우는 돈으로도 살 수 없는 소중한 자원이다. 그리고 이는 의외로 멘탈 유지에 많은 도움이 된다. 언제나 상의할 수 있는 사람은 동행자이기도 하다. 든든한 파트너와 함께 걸어간다는 의미이기 때문이다. 따라서 혼자서 모든 일을 해야 하는 1인 기업은 이 부분에 상당한 취약점을 가진다. 많은 결정을 스스로 내려야 하고, 막중한 책임감을 가져야 한다. 이때 멘탈이 무너지면 사업도 심각한 위기에 처한다.

하지만 이러한 여러 장단점에도 불구하고 1인 기업이 가지는 매우 큰 의의가 있다. 그것은 단지 시간이 많은가 혹은 얼마나 돈을 많이 버느냐의 문제가 아니다. 이제까지 언급했던 단점을 장점으로 승화시킬 수 있다면 큰 인격적인 성장은 물론이고, 자신을 효율적으로 통제하며 '높은 삶의 경지'에 오를 수 있다.

오랜 시간 기업에서 근무하고 퇴직한 사람들은 막상 인생 2막에 잘 적응하지 못하는 경우가 많다. 가족과의 관계에서도 트러블이 생기고, 점점 주변 사람들이 떨어져 나가면서 갑작스러운 외로움에 고통받기도 한다. 회사 생활을 할 때 1인 기업이 가질 수 있는 훈련과 장점을 충분히 흡수하지 못했기 때문이다. 오랜 시간 야생에서 단련된 사람과 이제 막 비닐하우스에서 밖으로 내던져진 사람의 생존력은 가히 비교하기 힘들 정도다. 삶의 만족감도 확연하게 차이 날 수밖에 없다.

1인 기업을 단지 시간과 돈의 차원에서만 바라보지 말고

2장. 뻗어 나가는 힘, 장애물을 치우고 대안을 만드는 과정

자신의 전 인생을 건 하나의 거대한 항해이자 탐구하는 자세로 바라보자. 앞으로 걸어갈 길이 얼마나 의미 있고 흥미진진한지를 새삼 느낄 수 있을 것이다.

초격차 성공 수업

1인 기업의
성공 기준을 잡아 보자

'1인 기업의 성공' 기준을 어디로 잡을 수 있을까? 이런 기준이 있어야만 자신이 돌진해야 할 목표를 설정할 수 있고, 전략적인 접근도 할 수 있다.

대체로 한 달에 순이익 500~600만 원이면 성공의 발판을 마련했다고 본다. 보통 직장인의 꿈은 '연봉 1억 원'이라고 하지만, 사실 각종 세금을 제외하면 실제 수령액은 650만 원 안팎이다. 따라서 비록 이보다는 약간 적지만 500~600이면 충분히 만족할 만한 비용이 아닐까 싶다.

하지만 여기에서 중요한 것은 앞에서도 언급했던 '유동성'이다. 춘하추동 사계절을 통틀어서 큰 기복 없이 해당 금액을 꾸준히 버는 것이 매우 중요하다. 어떤 달에는 1000만 원을 벌고 어떤 달에는 300만 원을 번다면, 아직 사업이 안착되지 않았다고 봐야 한다.

1인 기업이 구조를 잘 정착시키면 돈을 버는 속도는 시간이 흐를수록 빨라지는 경향이 있다. 마치 '복리의 마법'과도 같다. 경험적으로 봤을 때 500만 원을 벌다가 1000만 원을 넘기는 속도보다 1000만 원을 벌다가 2000만 원을 넘기는 속도가 훨씬 빠르기 때문이다.

또 하나 중요한 점은 바로 '확장성'이다. '지금 돈을 벌고 있다'가 다는 아니다. 내가 하는 일이 관련 분야의 다른 일로 확장해 나갈 수 있느냐는 점이 중요하다. '나는 무작정 사업을 확장할 거야'라는 개념이 아니다. 현실적으로 지금 하는 일에 다른 것을 '접목'하거나 '추가'하는 정도로 확장할 수 있어야 한다. 이런 거리가 있어야만 스스로도 미래에 대한 비전을 찾고 희망을 꿈꿀 수 있다.

위기에 대비하는
1인 기업의
자세

COVID-19와 같은 갑작스러운 위기는 1인 기업의 상태를 휘청거리게 만드는 것을 넘어 심하게는 아예 폭삭 망하게도 할 수 있다. 실제로 팬데믹 이후 강연 수입은 10분의 1 이하로 줄어들었다. 과거에 1000만 원을 벌던 사람이 갑자기 100만 원밖에 못 벌게 된다면 생계 유지는 더 이상 불가능하다. 아르바이트로 일하는 사람이 있다면 그만두게 해야 하고 가정이

2장. 뻗어 나가는 힘, 장애물을 치우고 대안을 만드는 과정

있다면 대출을 받아 생활비를 줘야 할 처지에 내몰린다.

그런 점에서 1인 기업은 이러한 '위기'의 문제를 대할 때 좀 더 민감해야 하고, 그 대비에 있어서 보다 계획적이어야만 한다. 자신을 보호해 줄 회사라는 방어벽이 없으니 스스로 조금씩 방어벽을 만들면서 위기의 미래를 대비해야만 한다.

위기는 늘 나의 곁에 있다

많은 기업과 직장인 그리고 여러 가지 형태로 일하는 사람들은 이번 팬데믹 사태에서 '위기란 무엇인가?'를 뼈저리게 느꼈을 것이다. 그런데 1인 기업을 지향하는 사람들은 단지 지금 있는 위기만을 보거나 '이 위기 이후에는 어떻게 살아야 하나'에만 관심을 가져서는 안 된다. '위기는 과거에도 있었고, 앞으로 언제든 있을 수 있으니 평소에 무엇을 준비해야 하나'라는 관점으로 바라봐야만 한다. 그렇다고 늘 불안하고 다급한 자세를 가질 필요는 없겠지만, 위기가 없을 때도 반드시 위기 관리를 위한 노력을 기울여야만 한다.

COVID-19는 인류에게 대재앙이지만, 인류의 질병사를 되돌아보면 이런 일들은 숱하게 있어 왔다. 중세 시대를 강타했던 '흑사병'은 유럽 인구의 30%를 사망으로 몰고 갔고, 20세기 초반의 스페인 독감은 많게는 3000만 명의 목숨을 앗아갔다. 천연두는 그 발병에서부터 무려 10억 명의 생명을 빼앗아 간 것으로 알려져 있다. 이렇게 질병이 퍼질 때 경제적으로 심각한 타격을 받은 사람은 당연히 많을 수밖에 없다.

질병뿐만 아니라 경제적인 위기도 늘 있어 왔다. 대공황, 오일쇼크, IMF, 서브 프라임 모기지 사태도 있었다. 지금의 우리 세대는 어릴 때의 이야기라 당시 얼마나 많은 사람이 큰 피해를 입었는지 실감조차 나지 않지만, 죽음의 위기로 몰린 전 세계인은 한두 명이 아니었다. 결과적으로 위기는 '늘' 우리와 함께하고 있으며 '언제든' 나에게도 피해를 입힐 수 있다고 전제해야만 한다.

이런 상황에서 1인 기업은 두 가지 방법으로 위기를 준비해야 한다. 하나는 어떤 위험에도 견딜 수 있도록 자산을 배분해야 하고, 다른 하나는 나의 실력과 전문성을 계속해서 높여가야 한다는 점이다. 또 하나 중요한 점은 지금 하는 일에도 충실해야 하지만, 5년과 10년 단위의 먼 미래도 구체적으로 계획할 필요가 있다.

가장 먼저 자산의 배분은 현금에 이어 부동산, 미국 주식,

한국 주식, 환율 투자로 확장할 필요가 있다. 이렇게 자산을 분배해 놓아야만 장기적인 위험에 대비할 수 있다. 현금만을 고집하는 사람들도 있지만 재테크 방법론 면에서 장기적으로 올바르지 못하다. 현 단계에서 자산의 많고 적음은 중요하지 않다. 소액이라도 투자를 해 놓아야 향후 꾸준한 투자 습관을 기를 수 있다. 단 100만 원이라도 쪼개서 달러 통장을 개설하고, 소량의 주식이라도 사 보자. 특히 자산을 키우는 것에는 공부가 필요하기 때문에 빨리 시작하지 않으면 점점 그 실천의 시기가 늦어질 수밖에 없다.

자산과 함께해야 할 나의 성장

자산이 전부는 아니다. 미래에도 적응하고 뻗어 나갈 수 있는 실력이 갖춰지지 않는다면 자산의 든든함도 결국 허약한 상태가 되기 때문이다.

그래서 필요한 일이 지속적인 성장을 위한 자기계발이다. 최신 트렌드는 물론이고 미래 트렌드, 경영과 경제의 변화에 주목해야 하고, 인생의 가장 근본적인 시선이 되어 주는 인문

학 공부도 함께해야만 한다. 세상은 이제까지 변한 속도보다 훨씬 더 빨리 변화되기 때문에 자신의 사업 구조를 튼튼하게 만들고 시대에 따라 유연하게 적응하려면 이러한 지식과 정보는 필수적이라고 할 수 있다.

마지막으로는 장단기 계획을 종합적으로 운영해야 한다. 1인 기업의 시작점에서는 당장의 이슈들을 해결하는 데 급급하겠지만, 여유가 생길 때마다 장기적인 계획도 세우고 조금씩 준비를 해 나가야만 한다. 물론 이렇게 두 가지 일에 모두 대응하려면 더욱 시간이 부족할 수밖에 없다. 기업이라면 별도의 인원이 미래 대응 전략을 연구하고 대책을 세우겠지만, 1인 기업은 혼자서 '현재와 미래'를 모두 책임져야 한다.

더 이상 안정적이고 평온한 시대가 아니다. 기업은 빛의 속도로 변해 가고 있고, 사람들의 관심과 수요도 그만큼이나 빠르게 변한다. 1인 기업 경영자들이 몸은 쉬어도 늘 머릿속에서 일이 떠나지 않는다는 이유는 바로 이것 때문이다. 하지만 장기적으로 1인 기업으로 우뚝 서고 절대로 흔들리지 않기 위해서는 위기에 대한 긴장감을 끊임없이 유지해야만 한다.

샤이한 나도
사업을 할 수 있을까?

1인 기업은 대체로 온라인의 여러 플랫폼을 중심으로 사업을 전개한다. 그러나 이러한 사업이란, 곧 자신을 최대한 많이 드러내야 한다는 점을 전제한다. 유튜브를 할 때도 자신의 얼굴과 생활을 드러내야 하고, SNS에서도 끊임없이 자신이 드러나야 사람들과 소통하고 함께 사업을 할 수 있다.

문제는 애초부터 부끄러움을 많이 타는 샤이한 성격의 사람들이다. 그러나 한 가지 염두에 둘 점은 '나는 샤이하니까 무엇인가를 할 수 없어'라고 단정을 지어서는 안 된다는 점이다. 요즘 젊은 사람들이 많이 한다는 MBTI를 예로 든다면, '100%의 I 성향'이나 '100%의 E 성향'을 가진 사람은 없다.

따라서 아예 1인 기업을 하지 않는다면 모르겠지만, 최소한 내부에 있는 외향성을 바깥으로 꺼내 놓으려는 노력은 해봐야 한다. 혼자서 짧은 PT의 한 장면을 녹화한 후 다시 본다든지, 아니면 우선 한 번 카메라를 켜고 영상을 찍어 보고 모니터링해 보는 것도 좋은 방법이다. 이렇게 조금씩 '내 안의 육식 공룡'을 밖으로 꺼내 놓을 때 샤이한 성격이 극복되고 사업을 전개해 나가는 데도 도움이 될 수 있다.

2장. 뻗어 나가는 힘, 장애물을 치우고 대안을 만드는 과정

성공 후에
고꾸라지는
이유

사실 어떤 의미에서 '성공의 끝'은 존재하지 않는다. 우리는 살아 있는 동안 계속해서 발전과 성장을 추구하기 때문이다. 그런 점에서 어느 정도의 성공을 하느냐도 문제지만, 그 성공의 시점에서 고꾸라지지 않는 방법도 함께 알아야 한다. 성공한다고 해도 문제가 터지거나 다시 내리막길을 타는 경우가 많다. 이렇게 되면 힘들게 쌓아 온 초격차 성공의 길도 우울하게 끝나게 된다.

　대체로 이런 실패의 나락으로 접어드는 경우는 주변과의 관계 때문이다. '협업과 연대를 통한 성공의 방정식'이 허물어 진 것이다. 자신이 잘해서 성공했다고 생각하지만, 되돌아보면 우리는 모두 관계 속에서 성공의 발판을 마련한다. 그런 점에 서 반드시 신중하게 관계를 다져 나가야 한다.

75년간 이어진 연구의 결론

　연예인이나 스포츠 스타, 유명인이 한순간에 성공의 길에 서 고꾸라지는 경우를 보곤 한다. 대개는 연기를 못하거나 경 기에서 진 것이 이유가 아니다. 한순간의 슬럼프일 수도 있고, 다음에 더 잘하면 되기 때문이다. 절대로 다시 인기를 회복할 수 없는 경우는 바로 '인성'이 문제가 될 때다. 어린 시절의 학 폭이나 주변 사람을 대하는 태도가 문제가 되면 그들은 대중 의 차가운 외면을 받는다. 거짓말은 용서할 수 없는 기만행위 가 되어 아예 한국을 떠나거나 외국에서 한국으로 들어오지 못하기도 한다. 머릿속에 떠오르는 유명인이 있다면 어떤 문제

2장. 뻗어 나가는 힘, 장애물을 치우고 대안을 만드는 과정

였는지를 생각해 보라. 대부분 인성 문제였음을 알게 될 것이다. 이러한 문제는 연예인이나 유명인의 세계에서만 있는 게 아니다. 사회생활에서도 똑같이 적용되고, 자신의 성공에도 예외없이 적용된다.

약속 시간도 인성을 보여 주는 매우 중요한 지표다. '약속 시간이 중요하다'는 사실은 누구나 알고 있지만 정작 약속에 늦었을 때 하는 행동은 두 부류로 나뉜다. 한 부류는 만약 약속 시간에 맞춰 도착하지 못할 것 같으면 꼭 미리 사과를 한다. 또한 자신만의 성공 노하우를 타인에게 알려 준다는 것이 얼마나 중요하고 가치 있는 일인지도 알고 있다. 그래서 그들은 조언을 들으면 그 값어치가 매우 소중하다고 생각하고 반드시 답례를 한다. 그것이 상대방의 성공에 대해 존중을 표하는 일이기 때문이다.

본질적으로는 인성의 문제이다. 인성과 성공은 크게 상관없어 보이겠지만 매우 결정적인 관계에 있다. 하버드 대학교에서 '하버드 그랜트 사회 적응연구'라는 것을 한 적이 있다. 1930년대 후반부터 하버드에 입학한 300여 명의 학생을 대상으로 무려 75년간 그 삶을 추적한 프로젝트다. 이 연구를 통해서 알아내려던 것은 '과연 좋은 삶, 훌륭한 삶이란 무엇이며, 무엇이 그것을 향상시키는가?'였다. 그 결과는 바로 '인간관계'

였으며 그 핵심에는 바로 인성이 있었다. 인성이 좋은 사람은 주변 사람들과 좋은 관계를 맺으면서 삶의 활력을 얻으며, 이 활력을 기반으로 더 큰 성공을 위해 달려갔다. 이 연구 결과는 성공의 길로 가는 매우 중요한 동력은 바로 인성임을 알려 주고 있다.

'성공의 기술'보다 중요한 것

살다 보면 뭔가 좀 부족해 보이고 별것 아닌 것 같은데 주변에 친구나 동료, 선후배가 많은 사람이 있다. 처음에는 '저 사람에게 뭐 배울 것이 있다고 저러지?'라는 생각이 들어도 알고 나면 인성이 좋은 사람인 경우가 많다. 이런 사람들은 지금은 실력이 부족해도 선후배의 도움으로 좋은 기회를 잡고 성공으로 나아갈 확률이 높다.

인성은 성실이나 예의나 정직 등 여러 가지가 있겠지만, 성공으로 가는 길에서 가장 중요한 점은 바로 '상대방의 입장에서 생각하는 능력'이다. 이 능력은 상대에 대한 배려, 책임감, 존중과 맞물린다. 이런 능력을 가진 사람은 절대 나쁜 테이커

2장. 뻗어 나가는 힘, 장애물을 치우고 대안을 만드는 과정

Taker(받기만 하는 사람)의 기질을 습관화하지 않기 때문에 타인에게도 좋은 대우를 받고 결국 그들과 협력해서 미래의 성공을 개척해 나간다.

젊은 시절 야구선수 생활을 했던 미국 일리노이 대학 라이너 마르텐스 교수는 훗날 이런 고백을 했다고 한다.

"선수 생활을 되돌아볼 때, 내가 가장 사랑하고 존경하는 분은 코치님으로, 그분은 공 던지기와 치기 그리고 그것이 이뤄지는 운동장보다 중요한 삶의 지혜에 대해 알려 주셨다. 다른 사람들에게 신임을 얻고 책임감을 갖는 법 그리고 이때 필요한 열정적 태도 등이 모든 일을 실천으로 보여 주셨다."

그의 말에서 우리는 '성공의 기술'보다는 그 성공을 근본적으로 완성시켜 주는 '인성'에 좀 더 무게를 둬야만 한다는 걸 알 수 있다.

예전에도 그랬지만, 여전히 앞으로도 혼자서 모든 것을 다 잘할 수 없다. 자신이 설정한 프로젝트라도 오로지 혼자의 노력만으로 성공에 이르기는 힘들다. 누구나 순간순간 끊임없이 주변 사람들의 도움을 받는다. 이때 도움을 주는 이들의 사소한 한마디가 자신을 뒤돌아보게 하고 열정을 되살리게 한다.

성공의 중심에는 자신이 있었겠지만, 그 주변의 힘이 더욱 크다는 사실을 인정해야만 할 것이다.

아직은 성공의 길이 요원하더라도 수단과 방법을 가리지 않는 테이커의 자세로 살기보다는 많은 것을 주변과 함께하는 기버^{Giver}(베푸는 사람)로서의 태도를 가지길 권한다. 그럴 때 당신의 성공은 더 탄탄하고, 더 오래갈 수 있다.

2장. 뻗어 나가는 힘, 장애물을 치우고 대안을 만드는 과정

PART
2

밸런스를 지키면
절대 무너지지 않는다
By. 유근용

한쪽으로 치우치지 않는 힘의 균형을 의미하는 밸런스Balance. 밸런스의 힘은 무너진 자존감의 폐허에서 시작된다. 이미 수차례 도전해 봤지만 중도 포기로 인해 좌절감에 휩싸였다면, 원 상태의 나로 돌아오는 동력인 밸런스의 힘에 의지해야 한다. 특히 부정적인 사고로 가득하면 긍정적인 사고가 압도당하게 된다. 이 기울어진 상태를 복원해야만 또다시 시작할 수 있다.

밸런스의 힘은 단지 실행력 초기에만 효과를 발휘하지 않는다. 의지와 열정, 성취와 재미 등이 서서히 균형잡히면, 그때부터 밸런스의 힘은 스스로 진화한다.

3장.
나를 채워 넣어야 밸런스가 작동된다

'새 술은 새 부대에 담으라.'

한 번쯤은 들어 봤을 것이다. 이 말을 한 개인의 자기 발전이라는 영역에서 해석해 보면 '새 술'은 새롭게 갖춰 나갈 실력과 노하우이며, '새 부대'는 그것을 온전히 받아들이는 내면의 자세와 태도다. 아무리 새 술이 부어져도 낡고 구멍난 부대에서는 소용도 의미도 없다.

밸런스의 첫 개념은 바로 여기에서 시작한다. '나'를 단단히 만들고 새로운 실력과 노하우를 갖춰야 그 심지가 단단해진다. 나를 새 부대로 만드는 일, 과연 어디에서 출발해야 할까?

생각의
방점은
'나'로부터

나는 여러 번 삶의 경로를 바꿔야 했다. 이 말은 곧 여러 번의 '포기'와 그만큼의 '선택'이 있었다는 의미다. 객관적 상황 때문에 어쩔 수 없이 포기한 적도 있었지만, 때로는 아무리 생각해도 이 길은 아닌 것 같아 스스로 포기하기도 했다.

그때마다 좌절하거나 힘들기만 했던 것은 아니다. 새로운 선택의 길을 걸으며 늘 새로운 도전을 했기 때문이다. 그러면서 포기와 선택의 과정에서 매우 중요한 한 가지 기준이 있다는 사실을 깨닫게 되었다. 내가 얼마나 주도적으로 포기하고 선택하느냐는 점이다. 만약 여기에 타인의 개입이 커지면 커질수록 후회가 많아지고 시간도 더 낭비할 수밖에 없다. 내 생각의 방점을 '나'에게로 찍을 때 보다 단단하고 충실한 선택을 해나갈 수 있다.

통신사 방어팀과 경찰의 꿈

정상적으로 출퇴근하는 직업을 갖게 된 것은 27살 때였다. 체육 대학에 편입하고 싶었던 꿈을 완전히 접은 후 한동안의 방황이 이어졌다. 정신적으로는 몹시 힘들었지만 그렇다고 힘들게 돈을 버시는 어머니의 모습을 그저 지켜볼 수만은 없었다. 아르바이트 사이트를 뒤져 보니 주 5일 근무에 기본급이 월 120만 원인 일이 있었다. 일의 실적에 따른 수당까지 있다고 하니 한 번 해 볼 만하다고 생각했다.

그리 어렵지 않은 면접을 통과하며 시작한 일은 인터넷과 TV를 해지하려는 사람을 설득해서 계약을 유지하게 하는 것이었다. 해지를 마음먹은 사람을 설득한다는 것이 쉬운 일은 아니었지만 열심히 일을 배웠다. 그런데 그 사무실의 분위기라는 게 몹시 전투적이었다. 실시간으로 개인의 방어율이 뜨기 때문에 마치 게임을 하는 것만 같았다. 해지 방어를 못한 상담원은 패잔병처럼 힘들어 했고, 방어에 성공한 상담원은 전리품을 얻은 승리자의 모습으로 의기양양했다. 나의 승부욕에 불이 붙기 시작했다.

"내가 여기서 한 번 최고가 되어 볼까?"

그렇게 시작된 해지 방어 전쟁은 정말 게임처럼 재미있었다. 남들보다 더 많은 콜을 받고 열심히 설득하다 보니 어느 순간 내 월급은 300만 원에서 350만 원에 이르렀다. 기본급보다 더 많은 돈을 수당으로 받았으니 일도 재밌고 성취감도 적지 않았다. 매달 어머니에게 170만 원을 드렸으니 그간의 고생에 보답을 받으셨을 듯하다. 그런데 어느 순간부터 '과연 언제까지 이 일을 할 수 있을까'라는 생각이 들었다. 이곳에서 아무리 잘해 봐야 결국 '욕먹는 직업'이었고 그에 따른 감정 소모가 너무도 컸다. 승진을 해도 결국 거기서 거기였다.

나의 고민을 듣던 친구가 솔깃한 제안을 해 왔다.

"나 요즘 경찰 공무원 공부하는데 같이해 보지 않을래?"

경찰. 운동을 좋아한 나로서는 거리를 뛰어다니며 나쁜 놈

들을 잡는 일이 적성에 맞을 것 같았다. 어머니도 적극 찬성하면서 응원을 해 주셨기에 더 힘을 낼 수 있었다. 중간에 우여곡절이 있기는 했지만 한 지방대 경찰행정학과에 편입했다. 그렇게 부푼 가슴으로 첫 학기인 3학년 1학기를 시작했지만, 그 1학기가 채 끝나기도 전에 나는 심각한 혼란에 빠졌다. 내가 이상적으로 생각했던 경찰의 모습이 아닌 데다가 그 수많은 행정 법률과 규칙에 머리가 어질어질했던 것이다. 도저히 나와는 맞지 않는다는 생각에 포기를 해야겠다고 마음먹었다. 어머니는 나보다 더 큰 충격을 받으셨다. 아들이 경찰 공무원이 되어 의젓하고 정상적으로 사회생활을 하는 모습을 너무나도 간절하게 바라셨기 때문이다. 나는 6개월간 어머니와 싸우면서 극도의 갈등상태에 이르렀고 결국 자퇴를 해 버리고 말았다. 그 사실을 알게 된 어머니는 화가 머리끝까지 나셨다. 외출 후에 내 방에 들어가 보니 모든 게 박살 나 쓰레기장이 되어 있었다.

항상 깨어 있어야 한다는 것

슬프고 힘들었다. 하지만 그 원인은 쓰레기장이 되어 버린

내 방 때문도, 나에게 화를 내신 어머니 때문도 아니었다.

'왜 자꾸 내 인생은 뭔가 잘 돌아가지 않을까? 왜 자꾸 이런 불행한 일이 생기는 걸까?'

며칠을 곰곰이 생각해 본 나는 근본 원인을 찾을 수 있었다. 이제까지 나는 나의 온전한 판단과 확신으로 무엇인가를 선택해 본 일이 없었다. 통신사 방어팀에서 일을 하기로 한 것도 엄밀하게는 나의 선택이 아니었다. 고생하는 어머니에게 경제적 도움을 드려야 한다는 생각에 떠밀렸을 뿐이었다. 경찰이 되려고 했고 그래서 경찰행정학과에 편입한 것도 마찬가지였다. 그 역시 친구의 제안이었고, 결과적으로 타인에 의한 선택이었다. 그렇게 보니 나의 선택은 늘 상황에 밀려서, 주변 사람들의 혹하는 제안에 의해서 행해졌다. 심사숙고의 과정을 거치지 않았으니 막상 그 선택에 뛰어들었을 때 어떤 어려움이 있을지 예상하지 못했고, 느닷없는 장애물을 만나면 곧 포기하고 말았다.

자꾸만 이런 선택을 하는 것은 '불안'이 나를 지배하고 있었기 때문이다. 무엇을 해야 할지 모르는 초조함 그리고 이 시간이 길어지면서 영영 스스로 선택하지 못할지도 모른다는 불안 때문에 자기주도적인 선택을 하지 못했던 것이다.

'자기결정성 이론'이라는 것이 있다. 사람이 무엇인가를 선택하고 결정하는 데 있어서 그 원인이 내면적 요인에 의한 것인가 아니면 외부적 요인에 의한 것인가에 대한 내용이다. 흥미나 호기심 등 내면적 요인에 의거한 경우 통제력과 실행력이 가장 높고, 그 반대인 경우에는 통제력과 실행력은 현저하게 낮다는 의미이다. 나의 경우는 여지없이 후자에 가까웠다.

경찰이 되는 꿈을 접고 난 후에 나는 어떤 선택을 하는 데 있어서 한 푼의 후회도 남기지 않으려고 했다. 나의 의지와 마음을 샅샅이 뒤져 보고 숙고하며 '정말 내가 원하는 것인가?'라는 질문을 끊임없이 던졌다.

최고의 철학 석학이라고 불리는 작가 페터 비에리는 한 국내 언론사와의 인터뷰에서 이런 이야기를 한 적이 있다.

"항상 깨어 있어야 하며 자기 자신에게 깊은 주의를 기울여야 합니다. 내가 무엇을 경험하고 있는지 그리고 무엇을 원하는지에 대해서 말이죠. 자신이 가지고 있는 환상이나 바람이 뭔지 연구하고 알아내야 합니다."

항상 깨어 있기 위해서는 정말 많은 공력이 들어가야 한다. 결코 쉬운 일이 아니지만, 이러한 노력이 바탕이 된 결정과 선택만이 오히려 시간 낭비를 줄여 줄 수 있다.

만약 자신이 무엇을 원하는지를 잘 모를 때는 나는 충분한 시간을 가지라고 말해 주고 싶다. 1년 정도의 시간도 무방하다. 외국 학생들은 고등학교를 졸업하거나 대학을 다니는 중간에라도 '갭이어Gap year'라는 것을 한다. 1년간 여행도 하고 진로 탐색도 하고 인턴이나 창업을 해 보는 것이다. 이 시간 동안 자신을 알아가고 미래에 대한 확신을 기른다. 어쩌면 과거의 나를 포함해 자신의 힘으로 선택하지 못하는 사람이 많다면, 이러한 충분한 숙고의 시간이 없었기 때문일 것이다.

이제껏 해 왔던 그리고 지금도 하고 있는 자신의 선택을 뒤돌아보자. 왠지 아닌 것 같다거나 '언제까지 버틸 수 있을까'를 고민한다면 하루 빨리 포기하는 것이 나을 수도 있다. 타인에 의한 선택도 습관이 되어 버릴 수 있기에. 계속해서 자신의 삶이 불안에 잠식될 수도 있다는 사실을 잊어서는 안 된다.

'조금 더'가
내 삶에 미치는 영향

    통신사의 방어팀에서 일한 기간은 그리 길지 않지만, 나는 그 경험을 통해서 소중한 교훈 한 가지를 얻을 수 있었다. 미국의 유명 작가인 로웰 토머스가 했던 이 말과 일맥상통한다.

    "자신이 할 수 있다고 생각하는 것보다 매일 조금씩 더 하라."

    사실 그때까지만 해도 나는 논리적이지 못했고, 누군가를 설득하는 경험도 많지 않았다. 하지만 짧은 기간에 일을 배우고 기본급의 3배에 가까운 월급을 수령할 수 있었던 것은 남보다 전화를 '좀 더 많이' 받았기 때문이다. 만약 나의 방어율이 50%라고 해 보자. 10콜을 받으면 5콜을 방어해 낼 수 있지만, 만약 20콜을 받으면 10콜을 방어한다. 5콜와 10콜의 차이는 매우 크다. 나는 다른 사람보다 '2배'를 방어해 냈기 때문이다. 그때 매우 단순하지만 정직한 진리, '남들보다 조금 더 열심히 하면 이렇게 성과가 만들어지는구나'를 느낄 수 있었다.

대체로 우리는 '내가 할 수 있는 역량'을 알고 있다. '하루에 이 정도는 일을 해야지!'라든가, '오늘은 이만하면 충분해!'라는 기준이다. 그러나 나는 여기서 많이도 말고, 10~15% 정도만 더 진도를 나가는 것이 좋다고 본다. 말 그대로 평소보다 '조금 더' 하는 것이기에 지나치게 무리하는 수준은 아니지만 한 달, 두 달이 되면 엄청난 결과가 만들어진다. 중요한 것은 '조금 더'를 해내는 실행력이다.

초격차의 원동력,
확신으로
진입하는 법

'확신'은 두 얼굴을 가지고 있다. 올바른 확신은 원했던 목표의 성취라는 결과를 가져오지만, 그렇지 않은 확신은 실패와 실수를 부를 수 있다. 하지만 그 어떤 경우라도 확신은 '앞으로 나아가는 힘'을 만들어 낸다. 비록 그 결과는 실패와 실수일지라도 그것으로부터 배울 수 있으니 가치와 의미가 전혀 없는 것은 아니다.

따지고 보면 사람은 확신의 정도에 따라 아마추어와 프로로 나뉘고, 성공하는 자와 실패하는 자로 나뉜다. 이제 막 입문한 아마추어가 확신할 수 있는 것은 많지 않다. 경험이 부족하고, 자신이 알던 것을 테스트하기도 어렵기 때문이다. 반면 프로는 확고한 확신 아래 자신을 길을 개척하며 후배들에게 도움이 되는 말을 해 준다. 성공한 사람은 수많은 경험을 했기 때문에 '이렇게 이렇게 하면 반드시 성공할 수 있다'는 확신이 존재한다.

이렇듯 확신은 낮은 단계에서 높은 단계로, 얕은 수준에서 심층적 수준으로 들어가게 하는 매우 중요한 분기점이다. 중요한 점은 우리는 어떻게 그 확신의 단계로 좀 더 빨리 진입할 수 있느냐는 것이다.

아는 것과 확신하는 것의 차이

아직 스스로 자랑스러워할 만한 성공의 경험이 없다면 확신의 단계로 진입하기가 꽤 힘들다. 그런 점에서 초보자가 단단한 실행력을 갖지 못하는 것은 어쩌면 당연하다. 뭘 알아야 확신을 하고, 그 확신하에 앞으로 나아갈 수 있기 때문이다.

나 역시 무엇인가를 확신하지 못하는 세월들, '어떻게 하면 성공할 수 있을까?'라는 고민에만 머물렀던 시간이 꽤 길었다. 그래서 시작한 것이 독서였으며, 성공한 사람들의 이야기를 직접 듣기 위해서 많은 연락을 해 보기도 했다. 당시만 해도 내 기준에 '책을 쓴 저자=성공한 사람'이었다. 하지만 내 주변에는 책을 쓴 사람도 없고 성공한 사람도 없었기 때문에 이미 책을 쓴 저자에게 연락하는 방법밖에는 없었다. SNS나 이메일을 통해서 많은 연락을 했다.

그렇다고 꼭 책을 쓴 사람에게서만 배우려고 하지는 않았다. 강남을 걸어가다가 보이는 분식 포장마차도 내게는 '훌륭한 비즈니스'로 보였다. 순대와 오뎅을 먹으면서 사장님에게 어떻게 포장마차를 시작하게 되었는지, 자릿세와 매출은 얼마인지를 물어봤다. 사장님은 처음에 '황당한 녀석'이라고 생각했겠지만, 그래도 나의 간절함이 보였는지 흔쾌하게 도움이 되는 이야기를 해 줬다. 이렇게 많은 사람에게 무엇인가를 물어보고, 대답을 듣고, 그것을 반추하는 일을 계속했다.

'그 사람의 말이 정말 맞는 걸까?'

'혹시 그 사람이 뭔가 간과하고 있는 것이 아닐까?'

3장. 나를 채워 넣어야 밸런스가 작동된다

이러한 반성과 탐구를 통해서 조금씩 나만의 확신을 만들 수 있었다. 원리를 이해하고, 조금씩 깨달음에 접근했기 때문이다.

'절대로 포기하지 않으면 성공할 가능성이 많은 거구나.'
'일찍 일어나고 일찍 자고 청소를 잘하는 것도 성공의 실마리구나.'
'반드시 계획표를 짜고 그것을 실천해야만 내가 발전할 수 있구나.'

사실 누구나 상식적으로 알고 있다. 심지어 너무 진부해 보일 수도 있다. 하지만 '그냥 아는 것'과 '확신하는 것'은 하늘과 땅의 차이다. 아는 것은 그냥 내 머릿속에 조용히 담겨 약간 찰랑일 뿐이지만, 확신은 내 가슴에서 박동을 일으키며 나를 강한 실천으로 몰아붙이는 역할을 하기 때문이다.

성장 마인드셋을 위해

유명한 심리학자이자 『마인드셋』의 저자인 스탠퍼드 대학교 캐롤 드웩 교수가 매우 흥미로운 실험을 한 적이 있다. 그녀는 지능에 관한 학생들의 믿음을 조사하면서 '고정 마인드셋'과 '성장 마인드셋'이 있다는 사실을 발견했다. 고정 마인드셋을 가진 학생들은 '지능은 고정되어 있어서 잘 변하지 않는다'는 믿음을 가지고 있었고, 성장 마인드셋을 가진 학생들은 '사람은 타고난 능력은 다르지만 누구나 그 능력을 성장시키고 변화시킬 수 있다'는 믿음을 가지고 있었다. 그 후 이 학생들의 성적을 추적 연구했는데 성장 마인드셋을 가진 학생들이 훨씬 성적이 좋았다고 한다.

이 두 부류의 차이점은 매우 단순하다. '성장과 발전을 믿느냐, 믿지 않느냐'이다. 여기에서의 '믿음'은 이제까지 우리가 이야기한 '확신'과 크게 다르지 않다. 결과적으로 우리는 나에 대해, 성공에 대해, 세상에 대해 점점 많이 확신할수록 성취할 수 있는 것도 더 많아진다. 확신은 자신의 존재감에 밸런스를 맞춰 주는 역할을 한다. 끊임없는 고민과 의구심만 가득해 머리만 커져 있는 상태에서 확신은 팔다리의 근육과 행동할 수 있는 힘을 만들어 준다.

따라서 이제부터 하는 많은 독서와 사람들과의 관계에서 우리는 '확신'에 초점을 맞출 필요가 있다. 책에 나오는 내용, 소위 성공한 사람들이 하는 말 속에서 내가 확신할 수 있는 것은 무엇인지를 찾아 나서야 한다.

앞에서 '그냥 알고 있는 것'과 '확신하는 것'에는 큰 차이가 있다고 했다. 확신의 과정은 뭔가를 꼼꼼히 따져 보고, 나에게 적용시켜 보고, 혹여 빈틈이 없는지를 진지하게 질문하고 탐구하는 일이다. 이 과정을 통해 남이 전해 주는 지식과 외부에 있던 통찰은 완전히 '나의 것'이 된다.

같은 교과서로 공부를 해도 1등을 하는 학생이 있고 꼴등을 하는 학생이 있다. 단지 기억력의 차이만은 아닐 것이다. 그냥 눈으로 읽고 머리로 이해하느냐, 아니면 완전히 자신의 것으로 만드느냐의 차이이다. 바로 이러한 차이가 초격차 성공의 원동력이 된다. 누군가는 이해만 하고 있을 때 당신은 확신하면서 가속 엔진을 켤 수 있다.

나를 변화시킬
'트리거'를
찾아라

'트리거^{Trigger}'라는 사격 용어가 있다. 총에 있는 방아쇠를 의미하지만, 조금 더 본질적으로는 다른 것을 연쇄적으로 일으키는 최초의 충동 혹은 사건을 의미하기도 한다. 우리 일상과 무관해 보이지만 어린 시절을 되돌아보면 꽤 많은 트리거가 존재한다. 과거 선생님의 한마디가 내 인생에 큰 영향을 주기도 하고, 학창 시절에 읽은 책 한 권으로 인해 삶의 방향이 바

3장. 나를 채워 넣어야 밸런스가 작동된다

뀌기도 한다. 또는 친구들과의 관계와 특정한 사건이 씻을 수 없는 상처나 놀라운 발전의 계기가 되기도 한다.

어린 시절에는 주도적으로 트리거를 만들기는 힘들지만, 어느 정도 나이가 들면 보다 적극적으로 트리거를 찾아서 자신을 긍정적으로 변화시킬 수 있다. 긍정적인 트리거는 부정으로 기울어졌던 내 마음을 다시 회복시키고, 미래로 향해 나아갈 수 있는 강한 발전의 동력이 되어 준다.

나에게 '팅글'을 줄 사람을 찾아서

트리거의 가장 큰 특징 중의 하나는 '자동화'다. 방아쇠가 당겨지는 것은 그 자체만으로는 아무런 의미가 없다. 총알의 뇌관을 때려 화약이 폭발하고 그 힘으로 탄두가 앞으로 나아가게 된다. 즉 '트리거 → 뇌관 → 화약 → 탄두'라는 연쇄적인 반응을 이끌어 낸다.

우리 마음의 트리거도 마찬가지다. 하나의 충격 혹은 은근한 자극이 계속되면 '심리적 변화 → 새로움에 대한 갈망 → 구체적인 계획의 마련 → 실행력'으로 이어진다.

일상에서 스스로 만들어 낼 수 있는 가장 훌륭한 트리거는 주변에서 나를 자극해 주는 사람이다. 나 역시 많이 좌절하던 20대에 한 살 차이 나는 형을 알게 되었다. 화장품 사업을 하면서 승승장구하던 그 형의 모습을 보면서 나는 늘 새로운 다짐을 했다. 뭘 해도 잘 안 되고 주변에 도움을 줄 사람도 없는 상태에서 그 형의 모습은 나에게 늘 힘과 용기를 주는 트리거였다. 무엇보다 그 형이 해 주는 한마디 한마디가 마음에 꽂혀 나를 자극했다.

우리는 이러한 자극을 책으로도 받을 수 있지만 경험해 본 바에 의하면 살아 있는 사람의 말소리를 통해 받는 것이 더 효과적이다. 유튜브에서 'ASMR'이 많은 인기를 끌고 있다. 별것 아닌 소리들 같지만 ASMR은 '팅글Tingle'이라는 작용을 준다고 한다. 팅글은 '기분 좋게 소름 돋는 느낌'을 의미한다. 나에게 도움을 주려는 그 형의 한마디 한마디는 충분한 팅글이 되었다. 성공을 위해 엄청난 발전을 하지는 못해도 힘든 상황을 견디고 인내할 수 있는 힘을 주었다.

20대 후반에는 100명 이상의 CEO를 만날 수 있었고, 그들로부터 좋은 트리거를 받았다. 이렇게 말하니 나의 인맥이 대단하다고 오해할 수도 있지만, 사실 과거의 나는 도움을 받을 사람이 단 한 명도 없었다. 그래서 직접 연락하고 만남을 요청했다. 그분들을 만나는 비법 같은 것도 없다. SNS나 이메일로 연락해도 상관없다. 중요한 점은 나의 상황을 정확하고 진정성 있고 간절하게 표현하는 일이다. 다음과 같은 방식이다.

'선생님의 책을 일고 많은 감명을 받았습니다. 저는 지금 몹시 많은 방황하고 있으며, 사실 주변에 도움을 받을 사람은 아무도 없습니다. 딱히 이야기를 들을 만한 성공한 사람도 없어서 뭔가를 물어볼 수도 없습니다. 단 한 번이라도 만나 대화를 나누고 싶습니다. 그럴 수만 있다면 진심으로 감사드리겠습니다.'

대체로 이렇게 메시지를 보내면 70%의 분에게는 연락이 왔고, 그중 30~40%는 실제로 만날 수 있었다. 그분들이 만남을 허락한 이유도 대체로 비슷했다.

"간절함이 보였고 어떤 친구인지 한 번 만나 보고 싶었다. 내가 도움을 줄 수 있다면 주고 싶었다."

일상에서 받을 수 있는 트리거

대체로 그분들을 만나 질문한 것들이 있다. 성공하기까지 어떤 노력이 있었고, 방황하거나 힘들 때 무슨 방법으로 그것을 이겨 냈는지였다. 그러한 방법이 간절한 처지였기 때문에 성공한 사람들의 답을 알고 싶었다. 의외로 최대한 자세하고 친절하게 설명해 주시는 분이 대다수였다. 생각보다 좋은 분이 많고, 타인들에게 도움을 주려는 경우가 적지 않다. 트리거를 받을 사람이 없다면 나와 같은 방법을 사용하면 된다. 특히 생생한 음성으로 들려주는 그 교훈과 조언은 기분 좋은 팅글로 자신의 마음에 활력을 불어넣어 준다.

사람을 통해서 자극을 받을 수도 있지만, 스스로 주도적으로 트리거의 계기를 만들어 자극을 받는 방법도 있다. 바로 '다이어리 쓰기'이다. 처음 다이어리를 쓸 때에는 '도대체 뭘 적어야 하지?'라는 생각이 들겠지만, 정해진 것은 없다. 지금의 감정을 적는 일부터 시작하면 된다. 감정을 적어 나가다 보면 일정한 패턴이 보이게 되고 내가 언제 즐거운지, 언제 지겨워하는지, 뭘 싫어하고 좋아하는지를 체계적으로 알게 된다. 다이어리를 적지 않으면 순간순간 사라지는 감정에 불과하지만, 적으면 '과연 나는 누구인가'에 대한 답을 내릴 수 있고 내가 좋아하는 것을 찾아 나갈 수 있는 토대가 된다. 실행력이 강하지 못한 사람은 자신이 뭘 좋아하는지조차 잘 모르는 경우가 많다. 다이어리는 '나'를 파악하는 지름길이 될 수 있다.

또 자신이 해낸 일들과 그렇지 못한 일들도 적어 보자. 하루하루 내가 무엇을 하며 살았는지를 알게 되면 자신도 모르게 성취감과 보람을 느끼고 이러한 감정 상태를 계속 이어 나가고 싶은 마음이 든다. 그렇게 6개월, 1년이 되면 '와, 내가 이렇게까지 했구나'라는 벅찬 마음이 든다. 이때 다이어리는 '트리거'가 되고 내가 이뤄 낸 것은 팅글이 된다.

무엇보다 다이어리는 내 생각의 저장 창고이다. 생각은 휘발성이 매우 강하다. 금세 이리저리 방향을 바꾸면서 날아가는 나비나 잠자리처럼 채집해 두지 않으면 마구 도망가 버린다. 내 생각을 차곡차곡 적어 놓으면 어느 순간 그것이 하나의 콘텐츠가 될 수 있고, 아이디어로 발전해 또 다른 결과물을 만들 수도 있다. 이러한 콘텐츠와 아이디어는 한마디로 나의 재산이나 마찬가지다. 이것들이 많이 쌓여 있으면 '한 번 만들어 볼까?'라는 생각이 들면서 자신도 모르게 실천하고 싶은 마음이 든다. 만약 자신만의 창고가 있고, 거기에 내가 좋아하는 수많은 재료와 도구가 있다고 해 보자. 딱히 당장 필요하지는 않아도 뭔가를 만들고 싶은 마음이 불쑥불쑥 튀어나오고, 자신도 모르게 손에 재료와 도구들이 들려 있을 것이다.

누군가를 만났을 때 들었던 감정이나 생각도 적어 볼 수 있다. 잘나가는 사람의 말과 행동을 보고 느낀 점을 적어 놓고 반복해서 보면 자신도 점차 비슷한 말과 행동을 하게 된다. 머리를 스치고 지나가는 인상만으로는 변화를 기대하기 힘들다. 적어 놓고 보고 외우고 다시 보는 과정을 통해서 완전히 나의 자산으로 만들며 변화의 원동력으로 삼아야 한다. 매너 있는 사람들과 어울리면 자신도 모르게 매너 있는 사람이 되는 것과 마찬가지다. 남들에게 받은 좋지 않은 느낌도 적어 놓을 필요가 있다. '와, 저런 행동은 참 나를 불편하게 하는구나'라고 적어 놓으면 자신은 훗날 다른 이들에게 절대로 그렇게 행동하지 않게 된다.

다만 다이어리를 쓸 때에는 컴퓨터나 앱이 아닌 직접 손글씨를 쓰기를 권한다. 요즘 세대는 컴퓨터나 앱에 워낙 익숙하기 때문에 매우 빠르게 메모는 할 수 있지만, 손으로 직접 필기하는 것이 깊이 이해하는 데 도움이 되고 머리에도 좀 더 오래 남는다. 영어 단어 하나를 외워도 손으로 꾹꾹 눌러 쓰면 그렇지 않은 경우보다 더 잘 기억한다. 손글씨가 장기 기억에 많은 도움이 된다는 연구 결과도 있다.

매일 아침에 '오늘 할 작은 과제'를 적어 놓고 그것을 이뤄냈을 때 표시를 해 놓으면 하루하루가 좀 더 알차다는 느낌도 받는다. '1시까지 방 청소를 끝낸다', '2시까지 외국어 두 문장을 외운다'와 같이 시간과 과제를 함께 적어 놓고 실천해 나가다 보면 자신감이 생긴다.

다만 이러한 다이어리를 적을 때 꼭 한 가지를 염두에 둬야 한다. 바로 '보상'이다. 인간은 보상을 받을 때 매우 강력한 힘을 발휘한다. 실제 의학 연구 결과에 의하면, 인간은 자신이 한 일에 관한 특정한 보상을 받으면 기분이 좋아지고 이것이 뇌에 구조적으로 각인이 된다고 한다. 뇌에 적절한 보상이 주어질 때 성공을 위한 질주도 할 수 있다. 흔히 말하는 각종 '중독 증상'도 사실은 보상과 매우 밀접하다. 알코올에 중독되는 사람은 알코올이 주는 그 즉각적인 들뜸, 기분 좋음이라는 보상에 중독되는 것이기 때문이다.

따라서 이러한 중독을 긍정적으로 바꾸면 우리는 내 삶을 발전시키는 데 있어 상당한 무기를 얻게 된다. 다이어리를 작성할 때에는 일주일이나 이주일 단위로 내가 이뤄 낸 성과에 대한 보상도 함께 설정하자. 인간은 무한정 참고 인내하는 동물이 아니다. 어느 순간 그에 관한 적절한 보상을 주어야 몸과 마음에 밸런스와 평정심이 다가오고 그 결과 꾸준한 실천을 하게 된다.

매일의 일상은 '매일의 반복'이라고 해도 과언이 아니다. 어제도 오늘도 밥을 먹고 잠을 자야 한다. 마찬가지로 트리거를 통한 자극도 '매일의 반복'이 되어야 한다. 사람은 자극에 점차 무뎌지는 경향이 있기 때문에 스스로 반복적인 자극을 만들어 내지 않게 되면 어느 순간 자신만의 밸런스를 잃고 다시 게으름에 치중되거나 무력감으로 중심추가 옮겨져 활력을 잃게 된다. 나에게 도움될 만한 사람이나 다이어리를 통해서 끊임없이 '나만의 트리거'를 당길 수 있는 사람이 되어 보자.

3장. 나를 채워 넣어야 밸런스가 작동된다

100일간
실천한다는 것의 의미

누군가 새로운 변화를 위한 출발을 한다고 하면 "꼭 100일을 채워 보라"고 권해 왔다. 100일은 숫자상으로만 의미가 있는 것이 아니라 자신의 변화를 위해 반드시 거쳐야 하는 기간이기도 하다.

한 가지의 습관을 완전히 정착시키기 위해서는 반드시 3개월 정도의 시간이 걸린다. 나 역시 처음에는 재미없는 일을 시작해도 100일이 지나면 어느 정도는 익숙해졌다. 그때는 '왕초보'에서 벗어나 '중간은 가는 시기'가 된다고 볼 수 있다. 운동도 100일 정도를 하게 되면 '오, 근육이 괜찮게 생겼는데?'라는 생각이 들고, 책도 100일간 읽어 보면 속도 면에서 상당히 빨라진다. 따라서 이 '100일이라는 마지노선'을 돌파해 보는 일은 굉장히 의미가 있다.

　100일은 '그때까지만 견뎌라'라는 의미로 설정하는 것이 아니다. '그때가 되면 재미도 성과도 얻는 시기'이기 때문이다. 또 100일을 할 수 있으면 200일을 할 수 있고, 더 나아가 365일을 할 수 있게 된다. 비록 중간에 하루 이틀 건너뛰더라도 결코 포기하지 않는 자세가 중요하다. 단 하루도 빠지지 않고 스트레이트로 100일을 채우지 못해도 상관이 없다. 100일간 단 하루도 머리에서 잊히지 않는 것이 더 중요하다.

기쁘게
방황을 받아들이는
방법

되돌아보면 우리나라는 너무나도 경쟁적이어서 젊은 시절의 실패나 방황을 허락하지 않는 분위기다. 거기다가 '빨리빨리'가 체질적인 한국인이라서 뭔가 남들보다 뒤처지는 것, 늦게 가는 것 자체를 부정적으로 보는 경향이 강하다.

하지만 나는 방황하는 사람이야말로 자신의 삶에 진심이고, 그것이 오히려 미래를 위한 긍정적인 도약이 된다고 본다.

'그래도 방황이 너무 길어지면 안 되지 않아요?'라는 질문을 받기도 한다. 그러나 그런 생각 자체가 이미 방황마저 시간을 정해 놓고 하려는 '빨리빨리' 정신의 폐해라고 본다. 다른 모든 것은 시간을 정해도, 방황만큼은 시간을 정해 놓고 할 수 없다. 다만 '진심 어린 방황'을 해야 한다. 그렇다면 시간이 많이 흘러도 상관없고, 또 그런 경우라면 그다지 오래 걸리지도 않는다. 이 과정을 통해 자신만의 분명한 목표를 설정하고 미래 설계를 해낼 수 있다.

방황은 곧 '탐색'이다

　외국의 학생들은 대학 입학 직전이나 입학 후에 '갭이어'를 하곤 한다. 잠시 공부를 멈추고 원하는 교육에 참여하거나 인턴, 창업 등을 하거나 여행이나 봉사에 참여한다.

　갭이어의 본질은 자신의 흥미와 적성을 찾는 것이다. 과거 오바마 전 미국 대통령의 자녀도 갭이어를 했다는 소식을 뉴스에서 들었다. 따지고 보면 갭이어도 다른 말로는 '방황'이다. 비록 사전에는 '분명한 방향이나 목표를 정하지 못하고 갈팡

질팡함'이라는 의미이지만, 누구나 '처음 살아 보는 인생'인데 분명한 방향이나 목표가 정해져 있다면 그것이 오히려 이상한 일이다.

사회로 나가야 할 위치에 있는 사람은 거대한 정글 앞에 홀로 떨어져 있는 것과 마찬가지다. 그런 사람에게 무작정 앞으로 달리라고 한다면 얼마 가지 않아 넘어지고 늪에 빠지고 몸은 상처투성이가 된다. 이런 사람에게는 충분한 '탐색의 시간'이 있어야 하며, 바로 이것이 방황이 가지는 진정한 의미이다. 따라서 이제는 방황을 '탐색'이라는 말로 바꿔 불러야 한다.

대문호 괴테는 이런 이야기를 한 적이 있다.

'인간은 노력하는 한 방황하는 존재이다.'

그의 말에서 주목해야 할 점은 '노력'과 '방황'은 함께 간다는 점이다. 즉 열심히 살려는 의지가 강할수록 계속해서 방황한다. 게으른 사람에게 시간은 참 느리게 간다. 하지만 열심히 살려는 사람일수록 이상하게도 늘 시간이 부족하다. '열심히 살기 때문'이다. 마찬가지로 방황하는 이유 역시 늘 노력을 하기 때문이다.

거기다 방황은 우리에게 새로운 길을 발견할 수 있는 기회가 된다. 우리는 흔히 '길을 잃었다'는 표현을 쓴다. 목적지를 염두에 두고 있지만 그곳으로 가는 정확한 길을 찾지 못했을 때 쓰는 말이다. 그런데 뒤집어서 생각해 보면 우리는 길을 잃은 것이 아니라 '새로운 길'을 찾은 것이다. 세상에는 목표를 향하는 단 하나의 길만 있지 않다. 사람의 성향과 처지에 따라서 수많은 길이 있을 수 있고, 그것을 다양한 방면으로 탐색할 수가 있다. 하나의 문이 닫히면 또 다른 문이 열리듯, 길을 잃었다면 또 다른 길을 찾아야 한다.

'제대로' 방황해 본 사람과 그렇지 않은 사람 사이 간에는 큰 차이가 있다. 방황이라는 것도 자신만이 할 수 있는 경험이다. 대체로 사람은 경험이 많을수록 보다 노련해진다. 경험이 많다는 것은 무엇이 좋고 나쁜지를 충분히 아는 시간을 가진다는 의미이며, 그사이에 자기 나름대로의 방법론과 노하우를 체득하게 된다. 따라서 다음번에 다가오는 방황에는 그리 많은 시간이 필요하지 않다. 이미 자신을 알고 충분히 경험도 해 보았으니 자신이 해 왔던 방법대로만 해도 충분하다. 더구나 꼭 20~30대에만 방황하라는 법도 없다. 40대, 50대가 되어도 여전히 방황할 수 있다. 그런 점에서 오히려 젊은 시절에 '찐하게' 해 보는 방황은 전 연령대에서 방황의 깊이와 시간을 줄일 수 있다.

3장. 나를 채워 넣어야 밸런스가 작동된다

긍정적인 방황의 조건

우리가 방황을 기쁘게 받아들여야 하는 이유는 또 있다. 그것은 방황을 할 만큼의 선택의 여지가 있다는 의미이기 때문이다. 중세 시대만 해도 젊은이들의 방황은 별로 없었다고 한다. 귀족으로 태어나면 그저 귀족의 삶을 살아가면 되고, 평민으로 태어나면 평민으로서의 삶에 충실하면 충분했다. 그 엄격한 신분을 뛰어넘을 방법이 없었기에 태어나면서부터 운명은 정해졌고, 어린 시절 내내 자신이 가야 할 길을 분명히 각인하게 된다. 그러니 굳이 방황이니 고민이니 하는 것들을 경험할 필요 자체가 없었다. 그러나 지금은 자신의 직업과 미래를 스스로 선택할 수 있는 시대이고, 이런 환경의 변화가 방황을 가능케 한다.

물론 지금도 방황 자체를 못하는 청년이 여전히 많다. 팍팍한 삶의 절벽에 내몰린 어떤 이들은 고민할 시간조차 없이 생계에 매달리며 살아가야 한다. 물론 그렇다고 해서 '그나마 여유라도 있으니 방황하는 것도 행복한 줄 알라'는 의미는 아니다. 자신보다 더 힘든 사람도 얼마든 있으니까 기왕 할 방황이라면 제대로 하라는 이야기다.

방황할 때는 두 가지 중요한 원칙이 있다. '오로지 나에 집중해야 한다'는 점과 '방황의 목표'를 설정해야 한다는 점이다. 나에 집중하지 못하고 타인의 모습을 보면서 방황하면 해답을 찾아가기가 더 어려워진다. 사람은 누구나 처한 환경과 성향이 다르고 가용할 수 있는 자원도 천차만별이다. 그래서 다른 사람의 모습을 기준으로 삼으면서 '나는 왜 못할까, 나는 왜 안될까'를 고민해서는 안 된다. 결국 삶이란 자신이 가진 자원으로 꾸며 나가는 자신만의 세계이다. 내가 무엇을 가지고 있는지, 어떤 것을 할 수 있는지에 한정해서 생각해야만 한다.

두 번째로 '방황의 목표'를 설정하라는 것은 '어디까지 탐색(방황)할 것인가?'를 고민하라는 이야기다. 지금 20대 초반의 청년이 50대~60대의 삶을 고민할 필요는 없다. 사실 5년 뒤의 삶을 내다보기도 힘든 것이 지금의 세상이다. 그런 점에서 '도대체 이 세상을 왜 이래?'라거나 '나는 어떻게 살아야 하나?'라는 지나치게 추상적이고 스펙트럼이 넓은 방황을 해서는 안 된다. 보다 구체적인 것을 목표로 하면서 '앞으로 2~3년간 내가 반드시 해야 할 것은 무엇일까?'라거나 '우선 지금의 이 상황부터 정리할 수 있는 최적의 방법은 무엇인가'라는 식으로 보다 짧고 구체적인 한계 내에서 방황해야만 한다. 때로는 꽤 장기간의 플랜이 자신에게 도움이 되기도 하지만, 그 기간이 너무 길면 자신이 해내는 성취를 눈으로 보고 즐길 수 있는 기회가 줄어든다. 짧게 목표를 잡아 그것을 성공적으로 해내면서 다음 단계로 넘어가야 '훌륭한 방황'이라고 할 수 있다.

주변을 돌아보면 학창 시절 아무런 문제없이 좋은 대학에 가고, 좋은 직장을 얻은 사람들이 방황하는 경우를 종종 볼 수 있다. 공부도 잘하고 시험도 늘 상위권이고 취직 걱정 없이 단번에 붙은 그들은 오히려 뒤늦은 방황을 하게 된다. 누구나 겪어야 할 삶의 분기점을 뛰어넘어 버렸으니 뒤늦게 그들이 고민하는 것에도 다 이유가 있다.

방황은 나를 단단하게 만들고, 제대로 익히고 성장시키는 과정이다. 방황하되 결국 포기하지 않고 끈질기게 나아가다 보면, 분명 안개가 끼어 보이지 않던 앞날도 어느덧 조금씩 선명하게 드러날 것이다.

과거의 트라우마가
오늘의 나를 발목 잡을 때

누구나 내면에 하나쯤은 상처를 품고 살아간다. 그저 상처로만 조용히 있으면 모르겠지만, 사람의 마음에 난 상처는 늘 꿈틀거리며 현재의 나를 괴롭힌다. 때로 상처는 너무나도 커서 성인이 되어서도 자존감에 상처를 입힌다. 어렸을 때 심한 왕따를 당하거나 아동 학대를 당하는 것이 대표적이다.

내가 아동 학대 뉴스에 더욱 분노하는 것은 바로 이런 이유 때문이다. 어린 시절의 상처가 트라우마가 되었기 때문이다. 나이가 들어 성인이 된 후 복수라도 하고 싶었지만, 막상 나 역시 같은 어른의 입장이 되니 생각이 많이 달라졌다. '역지사지'를 해 보면 상대방의 입장도 이해가 가고 분노하던 나의 마음을 가라앉힐 수도 있게 된다. 더구나 힘든 과거를 '인정'하고 그것을 '받아들이는 자세'는 무척이나 중요하다. 과거를 인정하지 않고 거부하고 싶을 때 다시 그 상처는 현재진행형이 되어 자신을 괴롭히기 때문이다. 철학자 키에르케고르는 이런 말을 했다.

"뒤를 돌아보며 이해하고 앞을 보며 살아가는 게 인생이다."

살면서 가장 중요한 일 중의 하나는 바로 자신을 이해하는 일이다. 긍정적이든, 부정적이든 상관은 없다. 일단 이해를 해야만 앞으로 어떻게 나아갈 수 있을지를 알기 때문이다. 자신에게 어떠한 상처가 있든지 미래를 바라보자. 그것이 과거에 쏠렸던 마음의 '밸런스'를 잡아 주는 또 하나의 방법이다.

최고의 동기부여,
무슨 공부로
시작하나?

　일상에서 무기력과 의욕 상실을 겪는 일은 매우 흔하다. 나 역시 한동안 아무것도 하지 못한 채 숨만 쉬고 살아간 적이 있다. 일을 하고는 있지만 그 일에 애정이 가지 않아 몸은 움직이고 있어도 마음은 무력했던 때도 있다. 심지어는 정반대의 경우도 있다. 매우 재미있게 느껴지는 일에서 시간이 흐를수록 뭔가 허전함을 느끼기도 했기 때문이다.

이러한 상태 역시 밸런스가 깨져 있다고 보면 된다. 밸런스가 제일 잘 잡힌 상태는 '건강한' 상태이다. 밥도 잘 먹고 운동도 잘하고 정신도 맑고 생활에도 활력이 넘친다. 자신이 하는 공부나 일에서도 이런 차원이 있다. 일을 할수록 재밌고, 만족감도 넘치고, 쭉쭉 진행시켜 나갈 활력도 생긴다. 하지만 나도 한때는 이 밸런스가 깨져 오랜 고민의 시간을 보내 왔다.

좋아하는 일보다 투자하는 일

독서는 내 인생에서 가장 큰 축복이었고, 나를 변화시킨 최고의 방법이었다. 그래서 책에 관해서만큼은 어느 정도 자신감이 생겼을 즈음 독서 모임을 운영했다. 과거의 나처럼 방황하는 사람들이 책에서 길을 찾아 나갈 수 있도록 그들을 돕고 싶었기 때문이다. 나 역시 꾸준하게 독서를 이어 나갈 수 있으니 일거양득이라고 생각했다. 돈을 벌 목적은 아니었지만 약간의 회비를 받으면 차비 정도는 할 수 있겠다 싶었다.

그런데 시간이 갈수록 계속 허전한 느낌이 들었다. 나의 경제적인 상황이 나아지지 않는 상태에서 독서 모임에만 집중하다 보니 갈수록 힘이 빠지는 느낌이 들었다. 거기다 일부 회원들은 "독서 모임인데 무슨 회비를 받느냐"는 말까지 했다. 이 상황을 흔쾌히 받아들이기 쉽지 않았다. 그때 나는 깨달았다.

'내가 아무리 좋아하는 일이라도 내 경제 상황이 나아지지 않으면 의미와 가치가 계속해서 떨어지고 내 삶까지 흔들릴 수밖에 없구나.'

세상에는 자신이 가난하면서도 가난한 사람에게 도움을 주는 미담이 넘쳐나지만, 앞으로 이루고 싶은 것도 많고 꿈도 많았던 나에게 가난은 견딜 수 있는 것이 아니라 하루 빨리 벗어나야 할 것이었다. 독서 모임에 대한 의욕이 떨어지기 시작한 이유는 바로 여기에 있었다. 그때 나는 생각을 바꿨다.

'좋아하는 일보다는 돈을 버는 공부를 해 보자!'

그때부터 독서 모임을 잠시 밀어 놓고 돈 공부를 시작했다. 그때는 지금처럼 유튜브가 보편적이지 않아서 재테크 서적으로 시작해야만 했다. 아르바이트를 겸하면서 조금씩 종잣돈을 모았고, 실천이 가능한 수준까지 공부를 밀어붙였다. 그리고 드디어 어느 순간 나는 생애 첫 부동산 소액 투자를 할 수 있었다. 그 투자를 경험하면서 의외로 잘 맞는다는 사실을 깨달았다. 책을 읽고 사색하며 누군가와 자기 발전에 대해 대화하는 일도 좋았지만, 돈 공부를 통해서 실질적인 경제 형편을 나아지게 만드는 것에 더 큰 성취감을 느꼈다.

그 후에 다시 독서 모임을 시작했더니 예전하고는 완전히 차원이 달라진 느낌이 들었다. 과거에 비해 2, 3배의 의미와 가치가 느껴졌다. 경제적으로 탄탄해진 상태에서 누군가와 성장을 논하는 것은 그렇지 않은 상태에서 논하는 것과는 질적으로 달랐다.

여전히 무엇을 공부할지, 앞으로 어떻게 살아야 할지 모르는 청년들이 적지 않을 것이라고 본다. 심지어 수년을 무기력에서 헤어 나오지 못하는 사람도 있다. 만약 이런 사람이라면 최우선으로 해야 할 것은 '돈 공부'라고 생각한다.

삶의 차원을 달리 만드는 공부

무엇보다 '돈'은 이 세상에서 가장 강력한 동기부여 수단이다. 1000만 명에 가까운 직장인이 힘겹게 아침에 일어나 출근하는 것도 돈 때문이며, 수많은 자영업자가 더 좋은 서비스를 제공하려는 것도 '돈' 때문이다. 대한민국의 아침부터 밤까지 돌리는 것은 다름 아닌 '돈'이다. 돈에만 매달리는 사람이 되라는 것이 아니다. 이는 '성취감과 경제력'을 통해 내 인생의 밸런스를 맞추는 일이며, 또 다른 한편으로는 삶의 레벨을 뒤집는 일이기도 하다.

돈 공부는 '노동으로 돈 버는 인생'에서 '자본으로 돈 버는 인생'으로 완전히 뒤바꾸는 역할을 한다. 한마디로 '직장인으로 평생 회사를 다닐 것이냐'와 '나 대신 돈이 일하게 해서 시간 부자로 여유 있게 살 것이냐'의 문제다. 이건 갑이 될 것이냐 을이 될 것이냐의 문제만큼이나 완전히 다른 방향의 선택지라고 할 수 있다.

거기다 돈 공부는 한 번 살아가는 이 세상을 넓은 시야로 보게 하고 인간에 대한 깊은 통찰까지 할 수 있게 해 준다. 주식이나 부동산을 예로 들어 보자. 이 시장에서 돈을 움직이는 것은 결국 사람이며, 그들의 심리다. 그들의 마음이 어디로 쏠리는지, 언제 빠지는지, 언제 정체되는지를 알아야만 결국 돈을 벌 수 있다. 경매도 마찬가지다. 함께 낙찰을 받으려는 사람들의 심리, 그들의 생각을 꿰뚫어야 결국 나의 낙찰로 귀결된다.

결국 '돈 공부'는 '사람 공부'로 귀결된다. 그래서 오랜 투자로 단련해 온 투자자들은 사람에 대한 상당한 안목을 가진 경우가 많다. 인격적으로 성숙할 뿐만 아니라 경제적 자유 속에서 여유롭게 살고, 남을 생각하는 마음도 깊어진다. 결국 돈 공부의 끝은 '인간적인 성장과 경제적 자유'라는 인생의 가장 큰 행복으로 이어질 수 있다.

희열을 부르는
돈 공부의 결과물들

이제까지 내가 해 왔던 '돈 공부의 결과물'을 살펴본다면 더 강한 동기부여가 될 것이다. 이 과정을 간략하게라도 본다면 이제 더 이상 '난 돈이 없어서 투자도 못해'라는 말은 나오지 않을 것이다. 그리고 동시에 '지금 내 상황이 이런데, 내 능력이 이 정도인데 무슨 투자를 해?'라는 말도 나오지 않으리라 본다.

2015년이었다. 그간의 직장 생활과 아르바이트로 모은 돈 그리고 부모님이 마련해 주신 2000만 원을 합해서 전세방을 얻고 결혼을 치를 수 있는 상황이 되었다. 그런데 당시에도 전세값은 폭등을 거듭했고 결국 방을 알아보다 '도저히 이렇게 살아서는 안 되겠다'는 생각까지 들 정도였다. 돈에서 자유롭지 못한 삶은 불편하고 치욕적이기까지 했다.

나는 본격적으로 재테크를 공부하기로 했고, 나를 힘들게 했던 부동산을 향해 멋진 한 방을 먹이기 위한 칼을 갈았다. 그러나 종잣돈을 마련하지 않으면 결국 그 공부도 아무 소용이 없었다. 그렇게 투자에 나설 때 처음으로 만든 돈이 딱 1500만 원이었다. 이 돈을 마련하는 데는 결혼 축의금이 많은 도움을 줬다. 어떤 이들은 최소한 1억 원의 종잣돈은 있어야 한다고 하지만, 1억을 모으려면 10년은 더 걸릴 것 같았다.

처음 시작한 것이 소형 아파트의 전세를 낀 갭 투자였다. 운이 좋았는지 채 1년도 되지 않아 2000만 원 정도가 올랐다. 그때의 느낌은 '너무 신기하다!'였다. 나는 그저 내가 모은 돈을 전략에 따라 어딘가에 넣어 뒀는데, 그 돈이 또 다른 돈을 불러왔기 때문이다. '돈이 일한다'는 말이 정말로 실감이 났다. 투자는 내가 평소에 생각했던 것보다 훨씬 더 큰 수익을 낼 수 있는 신세계였다.

그때 보다 확실하게 발동이 걸렸다. 앞으로도 집값은 더 오를 것이라 확신했고, 더 열심히 일하고 더 많이 절약해 미래를 위한 투자를 계속해 나갔다. 7년 정도가 지났다. 지금은 당시에는 상상도 하지 못할 성과를 거뒀다. 주거용 부동산은 30

여 개에 공동 투자를 했고, 전국 150군데에 자투리 땅들을 사 놓았다. 부산 해운대 근처에는 바다가 보이는 호텔 방 하나를 소유하고 있으며 지금은 월세를 받고 있다. 대한민국을 통틀어 손바닥만 한 내 땅 하나도 없었던 내가 딱 1500만 원으로 이 정도의 성과를 이뤄 낸 것이다. 그렇다고 나에게 대단한 비법이 있을 리는 없다. 주변에 재테크를 하는 사람은 전혀 없었고 오로지 책으로만 모든 것을 배웠다.

투자의 세계로 들어가는 길은 쉽고 간단하다. '공부하기 → 종잣돈 만들기 → 실행하기'이다. 이 세 가지면 투자로 입문하기에 적절하고 1년 정도만 준비해도 첫 번째 투자를 충분히 할 수 있으리라 본다. 거기다 독한 마음으로 절약하면 1년에 1500만 원 정도의 돈을 마련하는 것도 그리 어렵지 않다. 한 번 시작해 보면 놀랍게 활력이 넘치는 생활이 당신을 기다릴 것이라고 확신한다.

4장.
현실에서 실천 가능한 밸런스 유지법

인간은 요동치는 감정에 의해 좌우되는 동물이다. 심지어 어떤 경우에는 잠을 자면서도 감정을 느낀다. 우리는 늘 이성을 유지하고 합리적인 판단을 고수하려고 하지만, 한편으로는 순식간에 무너지는 것이 바로 감정의 밸런스다.

감정은 워낙 강력한 요인이기 때문에 어느 정도로 제어하고 관리하느냐에 따라서 성장에 지대한 영향을 미친다. 물론 고승(高僧)처럼 감정을 제어할 수는 없겠지만 최소한 내 일상에 타격을 주는 감정만큼은 막아 낼 힘이 있어야만 한다.

타인의
성공 스토리가
'독'이 되는 이유

우리가 약국에서 처방받는 약은 사실은 독의 일종이다. 적절하게 용량을 지키면 약이지만, 그것을 넘어서면 독이 된다. 한 스위스의 의학자는 이런 말을 했다.

"독성이 없는 약물은 존재하지 않는다. 모든 약은 곧 독이다."

누군가의 성공 스토리는 나의 분발심을 자극해 성공으로 이끄는 약의 역할을 했다. 그러나 어느 순간 그것이 매우 강한 독성이 있음을 알게 되었다. '그런데 이러고 있는 나는 도대체 뭐지?'라는 생각이 들면서 자존감이 떨어지고 감정이 흔들린 것이다.

성공으로 향하는 대장정의 길 위에서 우리는 약이 독이 되지 않을 방법 정도는 분명히 알고 가야만 한다.

인생을 바꾼 교수님의 한마디

누군가의 성공 스토리를 들으면 처음에는 기분이 좋아진다. '와, 대단하다, 저렇게 인생 역전을 할 수도 있구나, 나도 가능하겠지?'

마음에서 꿈과 희망이 자라고 몸에도 활기가 도는 것 같은 느낌도 든다. 이렇게 하루하루를 보내면 나도 그들처럼 될 수 있을 것이라는 전망도 생긴다.

그런데 계속해서 성공한 사람을 만나다 보니 어느 순간 자신을 돌아보게 되면서 여전히 지지부진한 상태에 대한 의구심이 들기 시작한다. 그것은 마치 술과 비슷하다. 한두 잔 마시면 기분이 좋아지지만 계속해서 마시면 울고 화내고 감정이 망가진다. 처음에는 다른 이의 성공 스토리가 약이 되어 도움이 되지만 어느 순간 자존감이 떨어지고 내가 작아진다는 느낌이 들자 나를 합리화할 수 있는 명분을 찾기 시작했다.

'저 사람이야 뭐 학벌이 좋으니까…'
'부모님이 빵빵하게 지원해 주면 누군들 못하겠어. 나야 그런 부모가 없긴 했지만…'

이런 생각이 심해지면 밑바닥까지 굴러떨어지는 느낌이 들었다. 여기에 합리화까지 가미되니 그때부터는 뻔뻔한 사람이 된 듯했다.

지금은 전 국민이 아는 유명인이지만 류승룡 배우도 한때는 나와 비슷했던 모양이다. 어느 날 버스를 타고 가면서 라디오를 들었는데, 그의 이야기가 나왔다. 대학 시절 배우 류승룡은 어느 순간부터 동기들이 매우 잘나간다는 사실에 우울해지기 시작했다. 자기 빼고 모두 돈도 잘 벌고 여러 TV 프로그램에도 출연하면서 유명세를 타는 것 같았다. 같이 입학해서 어울려 지낸 시절이 머리에 생생한데, 이제는 그들을 만나도 더 이상 대학 신입생 시절처럼 정겹게 인사하기도 힘들었다. 동기에 비하면 제대로 해 놓은 것도 없고, 앞으로 제대로 될지도 의문스럽고, 그렇게 '이제 그만둬야 하나?'라는 고민까지 할 때였다. 마지막으로 교수님에게 고민을 털어놓았다고 한다. 그때 교수님의 한마디가 자신의 인생을 완전히 바꿔 놓았다고 한다.

"승룡아, 우리 모두는 꽃이야. 그런데 피는 순간이 다 달라. 어떤 친구는 봄에 피는 꽃이고, 어떤 친구는 가을, 겨울에 피는 꽃이야. 너도 언젠가는 반드시 피는 꽃이야. 그렇게 좌절만 하지 말고 계속 열심히 노력해."

그 말을 듣고 류승룡 씨는 계속해서 노력을 했고, 오늘날 '국민 배우'가 될 수 있었다. 이런 내용을 들은 나 역시 '그래, 나도 언젠가는 반드시 피는 꽃이야'라고 마음을 다잡을 수 있었다.

생각의 대전환

이후 내가 왜 그런 사연에 감동을 받았는지 곰곰이 생각해 봤다. 그 이야기의 어떤 지점이 나를 '전환의 순간'으로 이끌었을까? 그때까지 내가 늘 바라본 대상은 '성공한 다른 사람'이었고 '그들의 성공 스토리'였다. 그렇게 타인들이 기준이 되어 늘 그것을 따라가려고만 했다. 그러니까 모든 생각의 중심에는 '타인'이 있었던 것이다. 하지만 배우 류승룡의 사연을 통해서 드디어 '나'를 중심에 놓을 수 있었다. 나를 '언젠가 반드시 피는 꽃'이라고 생각함으로써 타인을 몰아내고 내가 주인공이 된 것이다.

과거의 나처럼 타인의 성공 스토리가 독이 되어 자존감이 떨어지는 사람이 있을 것이다. 그래서 누군가는 아예 그것을 멀리한다. 그러나 타인의 성공 스토리는 살면서 피할 수 없는 부분이다. 꼭 자기계발서가 아닌 부동산 서적을 읽어도 본질적으로 그 책은 '누군가의 부동산 투자 성공기'이고, 주식 투자 책을 읽어도 결국 '누군가의 주식 투자 성공기'이기 때문이다. 따라서 중요한 것은 그들의 성공 스토리에 주눅 들지 않는 나를 만들어야 하고, 그렇게 하기 위해서는 끊임없이 나를 중심에 세우고 잃어버리지 않도록 해야 한다.

나는 류승룡 씨의 사연을 들은 후 그때부터는 '나'에게 관심을 돌리면서 내 생각을 새롭게 바꾸고 채우기 시작했다. 처음에는 좋은 명언을 많이 외웠다. 차곡차곡 머리에 넣어 두고 몸과 마음으로 습관화시켰다. 감정의 기복이 있을 때는 적절한 명언을 다시 기억해 내면서 '그래, 이런 좋은 말이 있었지!' 라며 자신을 다독였다. 이후에는 단독적인 형태의 명언이 아닌 책에서 내가 감동받은 문구들도 외웠다. 이는 '책에 의존하는' 방법이 아닌 '책을 활용하는' 방법이다. 좋은 내용을 완전히 나의 것으로 만들면서 외부와 타인을 기준으로 삼지 않으려는 태도이기도 하다.

이렇게 나를 채우고 다독이는 습관에 익숙해지면 어느 순간부터 그런 것이 거의 자동화된다. 권투 훈련을 오래하면 맞아도 피해를 최소화하는 방법도, 곧바로 반격하는 방법도 알게 된다. 마찬가지로 타인의 성공 스토리를 읽어도 이제는 자존감이 떨어지는 것이 아니라 '그럼 난 어떻게 해야 하지?'라며 나를 중심에 놓게 된다. 한마디로 생각의 체질이 바뀌고 빠른 회복 탄력성을 갖추게 된다. '내'가 중심이 되어 균형을 잡을 때 독은 다시 약이 되어 나에게 도움을 준다.

부정 & 긍정,
생각의 밸런스를
맞추는 법

사람은 누구나 넘어지고 무너진다. 문제는 이때 생각의 밸런스가 깨진다. 현실을 바꿀 수 없다면 생각을 바꿔야 빠르게 그곳에서 뛰쳐 나올 수 있다. 하지만 이것이 쉽지는 않다.

나 역시 중간중간 무너졌다. 가장 심각하게 무너진 것은 25살 때와 30살 때였다. 충격은 나이가 좀 더 든다고 해서 자연스럽게 줄지 않는다. 이때 우리의 마음과 머리를 사로잡는 것은 온갖 부정적인 생각이다. 이 생각들은 미래를 까마득하고 어둡게 만들어 버린다. 이는 40살이 되어도, 50살이 되어도 마찬가지일 것이다.

따라서 생각의 밸런스를 맞추는 방법을 이번에 알고 나면 평생 활용할 수 있는 좋은 습관이 되어 줄 것이다.

현실보다 더 무서운 생각

"도대체 뭐하는 분이시길래…."

내 몸을 진찰한 의사는 도저히 이해할 수 없다는 표정으로 나에게 물었다. 진단 결과는 퇴행성 디스크, 척추 협착증, 인대 파손 등이었다. 병명만 들으면 60~70대 노인들이 겪을 질병을 25살의 젊은 청년이 앓고 있었으니 이해되지 않는 것도 당연했다.

지방 전문대를 나온 나는 편입을 하고 싶었고, 운동을 좋아했으니 당연히 체대를 꿈꾸었다. 훗날 체육 선생님이 되면 정말 좋겠다고 생각했다. 입시 학원에 등록해 다른 모든 것을 내려놓은 채 오로지 운동에만 전념했다. 다양한 운동을 섭렵

하면서 하루 운동의 마무리는 '윗몸일으키기 1,000개'였다. 남들은 메인 운동이라고 생각하겠지만 나에게는 정리 운동일 뿐이었다. 메인 운동이 얼마나 혹독했을지를 짐작할 수 있을 것이다.

이미지 트레이딩도 동시에 했다. 주말마다 내가 가고 싶었던 중앙대 체대 건물 앞에 가서 '나는 반드시 여기에 편입할 거야!'를 속으로 외쳤다. 혹독한 운동과 간절한 마음으로 보냈던 11개월. 편입 시험을 단 한 달 남겨 놓고 더 이상 몸을 쓰기 힘든 상태가 되었다. 운동하는 매 순간 이를 악물어야 할 정도로 아픈 통증과의 싸움이었다. 의사는 '엄청나게 심각한 상태'라며 더 이상 운동을 했다가는 평생 회복하지 못할 것이라는 무서운 경고까지 했다. 결국 아픈 몸 때문에 시험을 제대로 치르지 못한 나는 지난 11개월간 꿈꿔 왔던 희망은 완전히 포기해야만 했다.

사실 나에게 믿을 것은 몸뚱아리밖에 없었다. 돈 많은 부모님도, 타고난 똑똑한 머리도 없었다. 그런 와중 나의 마지막 버팀목이었던 몸까지 아프게 되었으니 한마디로 '정신이 무너져 내리는 상황'이라 해도 과언이 아니다. 그때부터는 삶에 대한 비관으로 시간을 낭비하기 시작했다. 무려 7개월이나 게임에 빠져 지냈다. 도와줄 사람, 이끌어 줄 사람도 없는 상태에서 나는 게임 속에서만 숨을 쉬는 존재가 되어 버렸다.

어머니는 나보다 더 힘든 상태였다. 그래도 체대에 진학하겠다며 교사의 꿈을 꾼 자식을 위해 가정부로 일하시면서 뒷바라지를 해 주셨다. 그런데 자식의 몸은 망가지고 게임에만 빠져 있으니 그 심정은 더 말하지 않아도 충분히 이해가 갈 것이다.

이 과정에서 크게 깨달은 것은 '부정적인 현실'보다 더 위험한 것이 '부정적인 생각'이라는 점이었다. 비록 나의 꿈이 무너지기는 했지만 삶을 비관하지 않고 또 다른 것을 시작했으면 어땠을까? 게임을 하며 보냈던 그 7개월간 독서를 하거나 외국어를 공부했으면? 만약 자격증을 따려고 노력했다면? 아마도 외국어라면 분명 초보 과정을 충분히 넘어섰을 것이며 열심히만 했다면 자격증도 1~2개는 땄을 것이다. 하지만 나는 비관과 부정적인 생각으로 인해 그 모든 기회와 시간을 날려 버렸다.

인간의 뇌 구조가 주는 혜택

두 번째로 많이 힘들었던 시기는 32살 때였다. 그 중간에 잠시 직장 생활도 했지만 그것마저 내 길이 아니라고 생각했기 때문에 다시 오토바이를 타고 배달 일을 시작했다. 더 이상 꿈이라는 것을 꿔 볼 여력도 없는 상태였다. 하루하루 배달을 하면서 자존감은 극도로 낮아졌고, 사는 게 어떤 의미가 있는지도 모르는 상태였다.

그런데 어느 날 문득 돌이켜 보니 25살, 게임을 하며 보냈던 7개월이 기억이 났다. 주어진 현실보다는 그것으로 인한 부정적인 생각이 나를 더 압도하고 있다는 생각이 들었다.

부정적인 생각을 몰아내기 위해 새롭게 시작한 일이 '하루 100개 감사 일기 쓰기'였다. 하루에 감사할 일 100가지를 쓰는 것이었다. 학창 시절부터 오토바이를 탄 나로서는 누구보다 빨리 배달을 할 자신이 있었다. 그래서 배달을 하고 나오다가 계단에 주저앉아 10개씩 감사 일기를 썼다. 그렇게 100일간을 지속하니 어느 순간부터는 부정적인 생각이 사라지고 몸과 마음이 한결 가벼워졌다.

감사 일기는 매우 중요한 자기계발 방법 중의 하나로 손꼽힌다. 이미 그 과학적인 원리까지 다 밝혀져 있다. 학문적으로는 몸을 이완시켜 주고, 마음의 스트레스를 줄여 주고, 긍정적인 기분을 들게 한다고 한다.

그런데 나는 여기에서 감사 일기의 역할이 하나 더 있다고 생각한다. 그것은 바로 감사 일기가 부정적인 생각과 맞서 싸울 수 있는 아주 강력한 무기라는 점이다. 인간은 부정적인 생각과 긍정적인 생각을 '동시에' 하지는 못한다. 우리의 생각은 끝없이 긍정과 부정을 순차적으로 오가지만 그것을 동시에 할 수는 없다. '난 정말 죽고 싶을 정도로 슬퍼'라는 생각과 '와, 오늘 참 날씨도 좋고 감사할 일도 많아'라는 생각이 동시에 성립할 수는 없다. 이것은 인간의 뇌 자체에서 불가능한 일이다.

우리는 늘 긍정적인 생각만 하고 살 수도 없고 또 그렇게 해서도 안 된다. 부정적인 생각이 없으면 나를 발전시킬 동력이 사라지고 게을러지게 만들 수도 있다. 따라서 우리는 나를 자극하는 부정적인 생각 그리고 희망을 가지게 하는 긍정적인 생각을 적절하게 매칭해야 한다. 이때 부정적인 생각의 힘이 워낙 강하고 세니 우리는 여기에 맞서는 무기를 갖춰야 한다. 그 무기가 바로 감사 일기다. 나를 압도하는 부정적인 생각을 몰아냄으로써 생각의 밸런스를 제 위치로 바로잡아야 한다.

내 힘으로 환경을 바꿔야 하지만 원천적으로 불가능할 때도 있다. 망가진 내 몸이 갑자기 좋아질 리는 없기 때문이다. 환경이 바뀌지 않는다면 내가 바뀌어야 하고, 내 안의 부정적인 생각들을 몰아내야 한다. 그래야 다시 희망을 찾을 수 있는 '공간'이 생긴다.

부정적인 생각을 몰아내는
또 다른 방법

감사 일기를 통해서도 부정적인 생각과 싸울 수 있지만, 나는 또 다른 방법을 통해서도 부정적인 방법과 싸운다. 첫 번째는 산책이고, 두 번째는 다이어리의 활용이다. 산책은 이미지가 매우 가볍다. 격하게 뛰는 것도 아니고 근육을 키우는 무거운 운동이 아니기 때문이다. 하지만 의외로 산책의 효과는 크다. 많은 사람이 모르지만 매년 6월 19일은 '산책의 날'이기도 하다. 기념일이 생길 정도로 산책은 큰 의미가 있다.

나는 부정적인 생각이 다소 커지는 느낌이 있으면 여지 없이 신발을 신고 밖으로 나가곤 했다. 그러곤 지금 마음을 무겁고 힘들게 하는 것이 무엇인지를 계속해서 돌아보는 시간을 갖는다. 특히 산책을 하는 중에는 기분이 빠르게 전환되고 스트레스 호르몬인 코르티솔의 수치가 떨어져 스트레스 해소에 좋은 효과를 준다. 이것은 곧 부정적인 생각과 싸울 때 내 몸의 에너지를 계속 충전하는 것과 같은 모양새다. 만약 이러한 계속되는 충전이 없다면 그 싸움이 더 힘들어지는 것은 당연하다. 예를 들어 다소 격한 일을 하더라도 계속해서 충분한 영양을 섭취하는 것과 그 영양조차 부실한 경우는 큰 차이가 난다. 따라서 몸으로 산책을 하면서 스트레스의 기운을 몰아내면 정신적으로 부정적인 생각과 싸울 힘이 훨씬 증가한다.

짜증나거나 힘든 일이 있을 때 왜 짜증나는지, 왜 힘들어하는지를 계속 다이어리에 쓰는 방법도 좋다. 내 감정을 글로 써 본다는 것은 곧 배출한다는 의미다. 독한 연기가 폐에 들어갔을 때 빨리 빼내고 신선한 공기를 넣어야 한다. 마찬가지로 내 감정을 눈에 보이는 다이어리에 배출해 내면 훨씬 회복을 빠르게 할 수 있다. 개인적으로 위로받는 느낌이 들고 기분이 좋아지는 경험을 하곤 했다.

나는 이러한 여러 번의 경험 끝에 '생각은 스스로 자라나는 성질'이 있다는 사실을 어렴풋이 깨달았다. 일단 특정한 생각을 하게 되면 말 그대로 '꼬리에 꼬리를 물고' 생각이 스스로 자라난다. 그래서 부정적인 생각의 뿌리에서는 계속해서 부정적인 줄기와 잎이 자라난다.

산책과 다이어리는 이러한 부정적인 자라남을 순간적으로 제지하고 방향을 새롭게 바꾸는 역할을 한다. 그리고 이런 것에 익숙하게 되면 그때부터는 좀 더 쉽고 빠르게, 부정적인 생각을 순식간에 몰아낼 수 있는 테크닉을 익힐 수 있다.

하기 싫은 일도
해내는
지혜

자신이 생각해도 꼭 해야 하는 일이고 중요하다고 여기지
만 정작 '하기 싫은 일'이 있다. 귀찮고, 하는 동안 스트레스도
받고, 잘 해낼지 자신감도 없는 상태라면 계속 미루게 된다.

꽤 오래전에 신문에서 이런 문구가 있는 칼럼을 봤다.

'노력이란 당신이 좋아하는 것을 더 많이 하는 것이 아니라 당

신이 하기 싫어하는 것을 더 많이 하는 것임을 기억하라.'

생각해 보면 우리는 '내가 좋아하는 것'을 통해서 성공에 한발짝 더 다가가는 것이 아니다. 사실 어쩌면 거의 대부분은 하기 싫은 일을 잘 수행해 냄으로써 변화를 이끌어 내고 더 큰 성장을 한다.

하기 싫은 일을 제일 먼저 하기

하기 싫은 일을 미루면 계속 마음이 무겁다. '해야 하는데 안 하는 상황' 자체가 하루 종일 미지근한 스트레스가 되곤 한다. 그래서 나는 전략을 바꿔 봤다. 하기 싫은 일을 하지 않으면서 하루 종일 스트레스를 받기보다는 차라리 아침에 일어나서 제일 먼저 그 일을 해치워 버리는 것이다. 그렇게 일을 마무리하면 성취감도 들고, 그것을 미룸으로써 받게 되는 스트레스도 없어질 것 같았다.

'100일 동안 하기 싫은 일을 제일 먼저 하기'를 계획하고 실천했다. 역시 나의 예상처럼 비록 아침에 부담스럽기는 하지만 그것만 처리해 버리면 하루 종일 그 일에 대한 스트레스를 받는 일이 사라졌다. 마치 안개가 걷히고 맑은 하늘이 나를 향해 미소짓는 것 같은 청량감마저 들었다.

가장 대표적인 일이 팔굽혀펴기의 습관이었다. '하루 100개 채우기'를 목표로 하는데, 이것 역시 정말 귀찮은 일이다. 거기다 하루 종일 업무를 하고 난 후 집에 와서 팔굽혀펴기를 하기는 더 힘들었다. 몸이 이미 상당히 피곤해져 있는 상태에서는 그 누구라도 팔굽혀펴기를 하고 싶지 않을 것이다. 그래서 아침에 일어나서 제일 먼저 하기로 했다. 침대 바로 옆에 푸쉬업 바를 가져다 놓고 아침에 눈을 뜨면 제일 먼저 그것이 보이도록 했다. 그렇게 되면 비몽사몽간에라도 팔굽혀펴기를 하게 되고, 오히려 몸에 활력이 생기기도 한다. 그래서 내 하루의 오전은 '눈 뜨면 팔굽혀펴기'로 시작한다.

유튜브 촬영 역시 비슷하다. 하기 싫다기보다는 초기에는 익숙하지 않으니 자꾸만 미루기만 했다. 그래서 사무실에 도착하면 제일 먼저 유튜브 찍기를 처리해 버린다.

이렇게 실천을 하다 보니 그것이 주는 또 다른 이점이 생긴다는 사실을 알게 되었다. 일단 제일 하기 싫은 두 가지 일을 끝냈으니 하루에 대한 기대감도 높고 나머지 일들을 처리할 수 있는 기분 좋은 힘이 생긴다는 점이다. 예를 들어 아침에 청소를 하지 않으면 하루 종일 어지럽혀진 집이나 사무실에서 일을 하게 된다. 물론 바쁠 때는 그것마저 신경이 쓰이지 않지만 어질러진 환경에서는 집중도가 떨어지게 마련이다. 하지만 반대로 아침에 일어나 청소부터 깔끔하게 다 해 놓으면 어떨까? 기분도 좋아지고 '자, 그럼 이제 열심히 일을 해 볼까!'라는 생각이 든다. 바로 이것이 '기분 좋은 힘'이라고 생각한다. 이렇게 일을 시작하는 것과 그렇지 않은 것에는 집중과 몰입 면에서 다를 수밖에 없다.

스티그마 효과에서 벗어나기

또 하나의 이점은 아무리 하기 싫은 일이라도 꾸준히 하면 시간이 흐를수록 쉬워지고 재미있어진다는 점이다. 유튜브가 그랬다. 점점 카메라를 다루는 능력과 편집 기술이 좋아지면서 20분 동안 해야 할 일이 15분, 10분으로 줄었다. 그러면 다음에는 더 쉬워지고 좀 더 고난도 편집에 도전하면서 성장하는 나를 발견할 수 있다.

하기 싫은 일을 수행할 때 주의할 점도 몇 가지 있다. 일단

4장. 현실에서 실천 가능한 밸런스 유지법

한 번 세운 패턴을 쉽게 무너뜨리면 안 된다. '100일 동안 하기'로 정했으면 정말로 100일간을 유지해야만 한다. 한 번 패턴이 무너지면 다시 시작할 때 더 많은 에너지가 들기 때문이다. 또 어차피 해야 할 일이라면 '하기 싫다'는 생각 자체를 지우려는 노력도 필요하다. 하기 싫다고 생각하면 점점 더 하기 싫어지는 것이 사람의 심리이다.

'스티그마 효과stigma effect'라는 것이 있다. 스티그마는 고대 사회에서 범죄자나 노예의 몸에 찍는 낙인을 의미한다. 이 이론을 연구한 하워드 베커 박사는 '처음 범죄를 저지른 사람에게 범죄자라는 낙인을 찍으면 스스로 범죄자의 정체성을 갖고 재범을 저지를 가능성이 높아진다'고 말한다. 이것은 하기 싫은 일에도 마찬가지로 적용된다. 우리 뇌가 '저건 하기 싫은 일이야'라는 낙인을 찍어 버리게 되면 우리의 사고는 거기에서 벗어나기가 쉽지 않다. 따라서 이런 낙인을 스스로 계속 가지고 있을 필요가 없다. 이 낙인에서 벗어나면 예전에는 '하기 싫은 일'이었지만, 어느 순간부터 이러한 인식에서 점차 멀어지게 되고 접근하기가 좀 더 수월해진다.

사실 따지고 보면 우리가 해내야 하는 거의 모든 일이 '하기 싫은 일'일 수 있다. '해야 한다'는 의지가 워낙 강하기 때문에 그것을 감수하고 수용하는 것인지도 모른다. 하지만 그 안에서도 정말 하기 싫은 일은 툭툭 튀어나오기 마련이다. 그때마다 '일어나서 제일 먼저 하기 → 그 일로 인한 스트레스에서 해방되기 → 기분 좋은 힘으로 나머지 하루를 달려가기'를 반복적으로 해 본다면, 분명 지금보다 훨씬 발전하고 성장하는 자신의 모습을 발견할 수 있을 것이다.

기울어진 운동장,
성격과 인상의
개조

성격이 성장과 발전을 할 때 발목 잡는다고 생각하는 사람이 적지 않다. 나 역시 과거에 내가 원하지 않는 성격이 툭툭 튀어나올 때마다 고민스럽고 걱정될 때가 많았다. 이런 성격으로 앞으로 성공할 수 있을지 의구심이 들었기 때문이다. "사람의 성격은 변하지 않는 법이야"라는 이야기를 들을 때마다 '정말 그런가?'라는 생각도 했다.

그런데 경우에 따라 성격이 확 바뀌는 사람도 있다. 정신적으로 매우 충격적인 일을 당하거나 위험한 상황에 처해 봤던 사람들이었다. 따라서 '성격은 정말 바뀔 수 있는 거야? 아닌 거야?'라는 고민이 많이 들었다. 결과적으로 '성격을 완전히 바꾸기는 힘들어도 행동은 충분히 조절할 수 있다'고 본다. 그리고 이러한 행동 조절이 잘된다면 성격도 어느 정도는 관리가 가능하다.

성격이 내 삶에 미치는 영향

성격은 일종의 '기울어진 운동장'이다. 선천적이거나 어린 시절에 대부분 형성되기 때문이다. 한 번 공고해지면 평생 그 성격의 영향력 아래에 놓이기 때문에 바꾸고 싶어도 잘되지 않는 경우가 숱하다. 따라서 이 부분에 대한 밸런스를 맞춰야지만 좀 더 순조롭게 성장해 나갈 수가 있다.

성격이 중요한 또 다른 이유는 우리 삶의 성공과 매우 관련이 깊기 때문이다. 네덜란드인, 영국인, 미국인 등 수만 명을 대상으로 IQ와 성격 중 어떤 것이 행복도와 신체적 · 정신적

건강에 큰 영향을 미치는지를 연구한 결과가 있다. 그 보고에 따르면 성격이 훨씬 많은 영향을 미치는 것으로 나타났다. 대체로 성격이 10의 영향력을 미친다면, IQ는 5, 심지어는 3 정도의 영향을 미칠 뿐이었다. 한마디로 '압도적인 영향력'이라고 말해도 과언이 아니다. 경험상 'IQ가 낮아서 사회생활을 잘 못한다'는 사람은 극히 일부에 불과하고, '성격이 안 맞아서 사회생활을 잘 못한다'는 사람이 대부분이었다. 그만큼 성격은 자신의 삶의 행로에서 매우 큰 영향을 미친다고 볼 수 있다.

그러다 보니 대체로 자신의 성격을 좀 바꿨으면 하는 사람이 적지 않다. 나는 이러한 성격 변화에 관한 욕구가 일종의 '밸런스'와 연관이 있다고 본다. 스스로 균형 잡힌, 조화로운 상태가 아니라고 판단하기 때문이다. 불안정하고 건강하지 못한 상태에서 보다 안정적이고 건강한 상태로 회귀하려는 본능일 수도 있다.

나 역시 그런 열망을 강하게 느꼈다. 평범하다 못해 소심하고 참을성이 없어서 덤벙대고 산만했다. 거기다 학창 시절 친구들과 부침이 많다 보니 욱하는 성격까지 생겼다. 실수도 잦고 후회하는 경우도 흔했다.

이런 성격을 바꾸기 위해 우선 가장 손쉽게 해 볼 수 있는 방법은 독서를 통해 성격이나 심리에 관한 이해를 넓히는 일이었다. 이는 나의 성격을 객관적으로 바라볼 수 있는 기회를 제공해 줬고, 내가 원하는 성격의 구체적인 상을 그릴 수 있게 했다. 책을 읽는 동안 차분해지면서 마음이 안정되었고, 치밀하게 저자의 생각을 따라가면서 산만한 성격도 약간은 교정할 수 있었다.

그러나 책으로 지식을 쌓는다고 해서 성격이 변할 리는 없다. 구체적인 지식의 기반 위에서 '행동의 교정'이 필요했다. 예를 들어 사람들 사이에서 소심해지는 나를 발견하게 되면 일부러 말을 좀 더 많이 하거나 참을성이 바닥이어도 '조금 더, 조금 더 참아 보자'라며 다독였다. 덤벙대는 성격을 고치기 위해서 일부러 생각하는 시간을 더욱 늘렸다. 또 내가 지향하고 싶은 성격을 적어 두고 반복적으로 연상하면서 좀 더 좋은 성격을 가진 사람처럼 행동하기 위해 노력했다.

이러한 여러 가지 노력을 들인 끝에 나는 한 가지 사실을 깨달을 수 있었다. 타고난 성격을 완전히 변화시키는 것은 힘들어도 행동만큼은 내가 조절할 수 있다는 점이다. 결국 성격이 행동으로 드러나게 되지만, 반대로 행동을 바꿈으로써 성격을 조절하는 방법이다. 성격이 본능의 영역이라면 행동은 지적인 영역이다. 따라서 자신의 노력 여하에 따라서 얼마든지 관리할 수 있다. 따라서 지금도 자신의 성격을 고민하는 사람이라면 고민의 틀을 바꿔야 한다. '성격을 바꾸려고 하지 말고 행동을 바꿔라'가 되어야 한다. 또 한꺼번에 바뀌는 경우는 없으니 조금씩 변한다고 해도 충분히 만족하면서 자신에게 동기부여를 해 줘야 한다.

인상이 야기하는 '의문의 1패'

나는 성격뿐만 아니라 인상도 바꾸려는 노력을 많이 했다. 친구들에게 인상이 좋지 않다는 이야기를 종종 들었기 때문이다. 더구나 몇 초간의 첫인상을 바꾸기 위해서는 무려 40시간이 필요하다는 연구 결과를 접하고 더욱 인상을 바꿔야겠다는 필요성을 느꼈다. 또 책에서 '인상이 인생을 좌우한다. 인상이 좋지 않으면 성공하기 쉽지 않다'라는 내용을 보기도 했다.

물론 누군가의 인상이 좋지 않다고 단정적으로 "너는 성공 못해"라고 말하기는 힘들다. 하지만 나 역시도 인상이 좋은 사람을 보면 경계심이 사라지고 함께 일해 보고 싶은 마음이 생기며 무엇보다 신뢰가 간다. 하지만 정반대라면 어떨까? 실제로는 선한 사람이지만 왠지 모르게 호감이 가지 않거나 믿음도 가지 않는다면? 당연히 사회생활에서는 손해를 보기 마련이며, 자신도 그 원인을 모르는 '의문의 1패'를 할 수밖에 없다.

　분명 이런 경우라면 성공의 반열에 오르기 위해 당연히 더 많은 힘과 노력을 들여야 한다. 물론 인상을 바꾸기 위해서 화장을 하거나 안경을 쓰는 등의 부가적인 방법도 있었지만, 나는 그런 도움 없이 내 인상을 바꾸어 보고 싶었다. 이를 위해서 가장 손쉽고 빠르게 실천해 볼 수 있는 것은 바로 '거울 보고 웃기'였다. 이렇게 하면 얼굴 근육이 달라져 인상이 좋아진다고 했다. 그래서 나는 한동안 정말 미친 듯이 거울을 보고 웃었다.

　오래전 서울 시내의 한 백화점 운동화 매장에서 알바를 할 때였다. 이런 매장들은 대체로 거울이 매우 많이 설치되어 있다. 소비자들이 직접 옷이며 신발을 착용하고 자신의 핏을 확인하려고 하기 때문이다. 거울이 많은 현장은 나의 '거울 보고 웃기'를 위한 최적화된 공간이었다. 나는 수시로 틈만 나면 거울 앞에 서서 계속해서 웃었다. 누군가 이런 행동을 본다면 '이상한 사람 아니야?'라는 생각이 들었을 것이다. 실제로 당시 함께 일한 매니저와 점장님은 어이없어 했다. 그런데 그렇게 몇 달, 몇 년을 하다 보니 나도 모르게 얼굴 근육이 좀 더 부드러워지고, 잘 웃게 되면서 인상이 좋아졌다는 이야기를 들었다.

　성격과 인상은 우리 인생의 중요한 고비를 좀 더 잘 넘을

4장. 현실에서 실천 가능한 밸런스 유지법

수 있게 해 준다. 알바를 하거나 회사에 취업할 때에도 면접을 봐야 하고, 이성 친구를 사귀거나 결혼을 위해서도 소개팅이 첫 출발점이다. 말 그대로 '순간의 선택'이 많은 것을 결정하게 되고, 이 과정에서 성격과 인상은 꽤 중요한 역할을 한다. 고대 그리스 시절의 철학자 아리스토텔레스 역시 인상학과 관련된 책을 집필했다고 한다. 단순히 외형만 파악하는 것이 아니라 그 사람의 심성과 생각을 연결해서 연구했다고 한다. '성격과 인상'을 하나로 본 것이다.

인상과 성격은 인류의 영원한 주제가 아닐 수 없다. 비록 선천적인 부분이 있지만 자신의 노력 여하에 따라서 얼마든지 조절하고 관리할 수 있다.

누군가는 했는데,
나라고
못할까?

사람들 사이에서 '자존감'이라는 말이 많이 쓰인다는 건 그만큼 '자기혐오'를 느끼는 사람이 많다는 뜻이다. 빛이 밝을수록 그림자도 더욱 뚜렷하듯 그만큼 자기혐오를 느끼는 사람이 많기 때문에 자존감을 높이려고 한다.

하지만 자기혐오라고 해서 꼭 극단적인 형태만 있는 것은 아니다. '도대체 난 왜 그러지?', '아휴, 그런 것 하나 못 해내서

4장. 현실에서 실천 가능한 밸런스 유지법

야…'라는 질책 역시 자기혐오의 하나다. 대체로 우리는 '사랑받기 위해 태어난 존재'라고는 하지만 현실에서는 자기혐오가 적지 않다. 나 역시도 오랜 시간 동안 자책의 시간과 자기혐오에 시달리곤 했다. 그러다 어느 순간 '나는 이 상황을 벗어나기 위해서 엄청난 노력을 해 보았는가?'라는 질문에 봉착했다. 진지하게 반성해 보면 노력하기보다는 환경을 탓했고, 시작하려는 용기 자체가 없었다는 편이 더 옳을 것이다. 하지만 이런 상태에서라도 반드시 탈출의 방법이 있다.

긍정적으로 타인과 비교하는 법

대체로 자기혐오가 시작되는 지점은 타인과 나를 비교할 때이다.

'저 사람은 저렇게나 잘하는데 나는 도대체 왜 이러지?'
'내 친구는 진짜 멋있게 사는 것 같은데, 왜 내 삶은 이렇게 초라해 보이지?'

많은 사람이 타인과의 비교를 멈추라고는 하지만 이는 하나만 보고 다른 하나는 보지 못하는 격이라고 할 수 있다. 나와 타인을 비교할 때 내가 상대적으로 열등해 보이는 경우도 있겠지만, 그 사람을 보며 정반대로 의욕 넘치게 하는 계기가 생길 수도 있기 때문이다.

"저 사람도 했는데, 왜 나라고 못해?"
"내 친구도 멋있게 사는데, 나도 저렇게 살 수 있지 않겠어?"

이러한 비교는 오히려 자신에게 도움이 된다. 하면 할수록 전투력을 상승시킬 수 있다.

전 하버드 대학교 심리학과 교수인 조지 피터슨은 『12가지 인생의 법칙』이라는 책에서 인생에서 성공하기 위한 매우 중요한 한 가지를 말했다.

'어깨를 펴고 똑바로 서라.'

어릴 때부터 부모님에게 숱하게 들은 말이다. 처음에는 뭐 그리 대단한 '인생의 법칙'인 양 말하는지 의아할 정도였다. 그러나 놀랍게도 어깨를 펴고, 똑바로 서고, 당당하게 걷는 습관은 정말로 우리 인생에 지대한 영향을 미친다.

피터슨 교수의 이야기는 바닷가재에서 시작된다. 바닷가재들은 먹이를 위해 치열하게 다툼을 벌이는데, 이 싸움에서 승리한 바닷가재는 자세만 의기양양해질 뿐만 아니라 호르몬도 매우 활성화되고 몸집도 조금 더 커진다고 한다. 반면 싸움에서 진 바닷가재는 몸이 움츠러들고 의기소침한 모습을 보인다. 그런데 더 놀라운 사실이 있다. 그들의 싸움을 목격하지 않는 다른 바닷가재 역시 의기소침하고 움츠러든 바닷가재를 보면서 서열이 낮다고 느낀다는 점이다. 그리고 그런 바닷가재를 무시하는 듯한 행동을 취한다.

사람들 사이에서도 크게 다르지 않다. 누군가는 매우 당당하고 자신감 있게 행동하지만, 누군가는 때로 구부정하고 타인의 눈치를 보는 듯하다. 후자의 경우 타인에게 무시당할 가능성이 조금 더 높다. 무시와 조롱을 많이 당할수록 삶은 추락하고 정신은 피폐해질 가능성이 매우 크다. 그런 점에서 어깨를 펴고 똑바로 서는 모습만 취해도 자신감을 회복하게 되고 다른 사람들에게 무시를 받지 않기 때문에 성공의 동력을 유지할 수 있다.

초격차 성공 수업

과연 어디까지가 '최선'인가?

◆ ◆ ◆

타인과의 비교에 있어서 발상을 전환하는 방법은 바닷가 재의 이야기와도 관련이 있다. 패배한 바닷가재가 다시 살아남 을 수 있는 방법과 움츠러들지 않고 타인에게 무시받지 않으 려면 비교에서의 우위를 타인이 아닌 '나'에게도 돌려야 한다. '저 사람도 했는데, 왜 나라고 못해?'라는 자신에 대한 당당한 외침은 어깨를 펴고 똑바로 서는 모습이라고 할 수 있다.

내가 해 왔던 부동산 투자의 길도 바로 자신에 대한 당당 한 외침 그리고 어깨를 펴고 똑바로 서는 모습에서 시작되었 고, 결국 성과를 얻어 냈다. 결혼을 할 때 부동산에 대한 답답 함을 느꼈고, '더 이상 부동산에 휘둘려서는 안 되겠다'는 결심 을 했다. 그리고 처음으로 나의 다이어리에 '부동산 100개 보 유하기'라는 꿈을 적었다. 거기다 좀 더 구체적으로 '한강이 보 이는 아파트'도 적어 놓았다.

'자수성가해서 한강이 보이는 아파트를 산 사람도 있을 거 아 냐? 나라도 못하라는 법이 있어?'

비록 당시의 나는 가진 것이 없고 아무런 준비도 되어 있지 않았지만, 어느 시기가 되면 분명 부동산 100개를 가질 수 있다고 믿었다. 물론 현실적으로 쉬운 일은 아니라고 생각했다. 하지만 목표를 크게 잡는다고 해서 누가 뭐라고 하지는 않는다. 그래서 이미 부동산 100개를 가진 사람처럼 이미지 트레이닝을 해 보기도 했다. 그러나 이러한 이미지 연상만으로 부동산 100개가 생길 리는 없었다. 책을 사서 공부하고 직접 실천을 위한 여정에 나섰다. 그리고 그 결과는 이미 이 책의 앞부분에서 설명해 놓았다. '한강이 보이는 아파트'는 아니지만 '해운대 바다가 보이는 호텔 방 하나'는 있고, '100개의 부동산'까지는 아니지만 '150개의 자투리 땅'의 꿈을 이뤘다.

이러한 과정을 거치면서 나는 경험적으로 하나 깨달았다. '최선을 다하면 반드시 어느 정도의 성과를 이룬다'는 점이다. 주변에서 나름의 성취를 이뤄 낸 사람들의 이야기를 들어 봐도 의견은 대체로 비슷하다. 남들에게 도움을 주지는 못할 수 있지만 최소한 남들의 도움을 일방적으로 받으면서 살지는 않으며, 원하는 것을 100% 이루지는 못해도 70~80%는 이룰 수 있다고 말한다. 물론 '최선의 노력'이 전제되었을 때이다.

우리는 '최선'이 어느 정도인지를 고민해야 한다. 과연 어디까지가 최선일까? 나는 그것을 '악랄하게'라고 표현하고 싶다. 다소 부정적인 뉘앙스가 있지만, 타인에 대한 악랄함이 아니라 자신의 노력에 관한 악랄함이라면 과연 어느 정도까지 노력해야 하는지에 대한 감이 쉽게 올 것이라고 본다. 초원의 포식자인 늑대는 빠르게 달릴 수 있고 날카로운 이빨로 적에게 치명상을 입힐 능력이 충분하다. 그럼에도 먹이를 사냥할 때에는 악랄하게 사냥을 한다. TV에 등장한 한 동물 사육사는 늑대의 사냥 방법에 대해 "먹잇감을 한 번 정해 놓으면 악랄하게 끝까지 쫓아가서 결국은 먹잇감을 잡아먹는다"고 말했다.

맷집도 좋지만 결코 한눈팔지 않고 '악랄하게' '끝까지' 사냥하는 늑대의 모습을 본다면, 우리가 '최선'이라고 할 때 어떤 자세로 임해야 하는지를 알 수 있을 것이다. 더구나 늑대는 매우 소통을 잘하며 철저하게 조직화된 상태에서 사냥을 한다. 우리도 무엇인가를 추구할 때 주변의 도움이 필요한 경우는 꽤 많다. 따라서 그들에게서 필요한 도움을 받고 또 감사할 일은 감사해 하면서 조직화된 노력을 최대한 한다면, 이것 역시 '최선'의 범주 안에 들어갈 수 있다.

이제는 이 책을 읽는 당신의 차례다. "당신도 했는데, 나라고 못하라는 법 있어?"를 외치며 어깨를 펴고 고개를 들자. 그리고 '악랄하게' 노력하면서 자신이 원래 꾸었던 꿈에 조금씩 다가서 보자.

슬럼프라는 이름의 도약대

　누구나 슬럼프를 겪고 또 그것에서 탈출하는 자신만의 방법을 가지고 있다. 그런데 슬럼프 역시 다소 다른 시각에서 바라볼 필요가 있다. 대체로 슬럼프는 '자기 실력을 제대로 발휘하지 못하는 저조한 상태'나 '제자리에 머물러 있는 현상'을 말한다. 이런 슬럼프가 발생하는 이유는 두 가지이다. 하나는 부정적인 슬럼프로 멘탈이 흔들리거나 주변에 매우 신경을 많이 써야 하는 혼란한 일들이 생겼을 때 또는 번아웃 상태에서다. 일반적으로 많은 사람이 생각하는 슬럼프의 종류다. 그럼 다른 하나는 무엇일까? 바로 '도약의 시기'를 알려 주는 다소 긍정적인 슬럼프다.

나는 부동산 공매 중에서도 특수 물건에 손을 대서 지난 5년간 좋은 성적을 거둬 왔다. 그 결과 나름대로는 '특수 물건 전문가'라는 자부심을 가질 수 있었다. 그런데 한편으로 이 투자가 이제 나에게는 '너무 쉬운 투자법'이 되어 버렸다. 긴장도 없고 초창기 느꼈던 짜릿함도 사라지면서 재미가 없어졌다. 그러다 보니 일종의 슬럼프가 찾아왔다. 딱히 흥미를 느끼지 못하지만 그렇다고 또 하지 않을 수는 없는 상태여서 기계적인 투자만 해야 했다.

이러한 상태를 어떻게 극복할까 고민하다 든 생각이 바로 '부동산 분야에서 내가 할 수 있는, 더 즐겁고 흥미로운 일을 찾자'였다. 그렇게 해서 이제는 실제 집을 짓는 건축 분야로 넘어가고 있다. 나만의 새로움을 창조하고 누군가가 그 건축물의 아름다움과 가치를 알아봐 주는 일. 그 건축물을 팔았을 때는 돈을 버는 것 이상의 벅찬 감정이 들 것 같았다.

이 일에 대한 계획을 세우고 나니까 슬럼프는 온데간데없이 사라졌고, 예전의 활력이 돌기 시작했다. 물론 나는 건축에 대해서는 잘 모르기 때문에 또다시 책을 사 보면서 공부하는 재미까지 느끼고 있다.

지금 현재 자신이 슬럼프를 겪고 있다면 그 원인을 다시 살펴볼 필요가 있다. 현재 하고 있는 일과 자신의 성취 의욕 간

너무 격차가 나서 생긴 슬럼프는 아닌지를 봐야 한다는 이야기다. 이럴 때는 자신을 긴장시키고 흥분시키는 더 큰 미래를 꿈꿔야만 한다.

PART
3

사이클을 돌리면
힘차게 나아갈 수 있다
By. 허준석

특정 분야에서 처음부터 끝까지의 전 과정을 의미하는 사이클^{Cycle}. 이것은 성공을 향하는 초격차의 길에서 그 승부를 결정짓는 매우 중요한 단계이다. 시작부터 마무리까지 모든 과정을 순수하게 내 손으로 해낸다는 사실은 성취감과 자긍심을 심어 주고 자신에 대한 단단한 믿음을 만들어 낸다. 그리고 이러한 기반들은 더 높은 단계로 가고 싶다는 열망을 자연스럽게 만들면서 매우 강한 추진력이 되어 준다.

매번 초반에 결심하고 그만둔 후 다시 시작하는 악순환의 사슬에서 벗어나자. 그래야만 우리는 비로소 더 높은 곳으로 향하는 날개를 장착할 수 있다.

5장.
사이클을 돌리기 위한 예비 작업

겨울철에 승용차를 운전하기 위해서는 반드시 예열 작업이 필요하다. 그래야 엔진에 무리를 주지 않고 오래 사용할 수 있다. 운동을 할 때도 마찬가지다. 스트레칭 없이 바로 운동하면 심각한 부상을 입을 수도 있다. 겨울의 삭풍처럼 지치고 힘든 마음 상태에서는 제대로 된 사이클을 돌리기 힘들 수밖에 없다.

그래서 처음 우리에게 필요한 것은 자신감을 키우는 방법이다. 더 나아가 많은 청년이 하는 '현실과 이상 사이의 선택'에 대한 고민을 해결하고, 자신의 미래를 그리고 현실에서 이를 조금씩 실천해 나갈 수 있는 '실천 근육'을 키워야 한다. 제대로 된 사이클을 돌리기 위한 예비 작업, 그 첫 발걸음을 떼어 보자.

자신감이
'설계'되어야 하는
이유

되돌아보면 중·고등학교 시절의 나는 자신감이 많지 않았다. 키도 크지 않은 데다가 운동 능력까지 저조했다. 그러니 한참 힘자랑하는 아이가 많은 남중, 남고라는 정글에서 상대적으로 늘 외소함을 느낄 수밖에 없었다.

중학교 1학년의 어느 날. 반마다 두 명씩 의무적으로 참가해야 하는 영어 말하기 대회가 있었다. 아무도 참가를 희망하지 않아 친구들의 강요로 참가하게 되었고, 영어 지문을 외워서 나온 학생들이 거의 없어서 운 좋게 입상했다. 하지만 그것으로 학창 시절 동안 내 자신감이 탄탄하게 구축되지는 않았다. 결국 사춘기 때 적지 않은 방황으로 시험 점수도 많이 떨어졌고, 일부 친구들의 지속적인 괴롭힘도 있었다. 얼굴에 침을 뱉고, 빵 셔틀을 시키며 때리기까지 했으니 그 힘든 시간을 그당시 어떻게 버텼는지 상상조차 하기 힘들 정도이다.

무한 경쟁인 고등학교를 졸업하고 대학과 군대 시절을 거치면서 이대로 계속 살고 싶지는 않았다. 자신감이 없는 나를바꿔 보고 싶다고 생각했고 많은 실천을 했다. 그 결과 자신감은 외부로부터 주어지는 것이 아니라 스스로 '설계'해야 한다는 점을 깨달을 수 있었다.

자신감에 관한 커다란 오해

설계란 구체적인 계획을 세우고, 그것에 따라 일을 수행해 나가는 정교한 작업이다. 물론 설계한다고 다 이뤄지지는않겠지만 설계 유무는 매우 큰 차이를 낳는다. 어떻게 짓겠다는 생각만 가지고 무작정 벽돌을 쌓아 나가는 것과 정교한 설계도에 따라 벽돌을 쌓아 올리는 것은 결과에 큰 차이를 가져온다.

자신감도 마찬가지다. 자신감을 가지고 싶다고 생각해도 변하는 것은 아무것도 없다. 자신감이 생길 근거와 재료가 없기 때문이다. 다소 무모해 보이는 면이 있지만 나만의 '자신감 설계도'는 큰 도움이 되었다. 오늘날까지 세상을 돌파할 수 있었던 중요한 무기였다고 생각한다.

우선 자신감에 대한 아주 큰 오해 하나를 거두고 가야 한다. 사람들은 보통 성공을 자주 경험하면 자신감이 강해지고, 실패나 실수를 자주 경험하면 자신감이 약해진다고 생각한다. 또 누군가 나를 칭찬하면 자신감이 올라가고, 비난을 받으면 자신감이 내려간다고 여긴다. 그러나 자신감은 실패, 실수, 성공, 칭찬과 늘 100% 함께 가지 않는다. 때로는 오히려 우리가 생각하는 일반 상식의 반대라서 당황스러울 때가 있다.

예를 들어 보자. 비록 지금은 성공했지만 다음의 더 큰 도전 또는 낯선 도전이 두려워 자신감이 확 떨어질 수도 있고, 실수를 했지만 '아, 이제 실수하지 않는 방법을 알아냈어' 하며 오히려 자신감이 올라갈 수도 있다. 비록 비난을 받더라도 '앞으로 더 비난받지 않게 나를 바꾸겠어'라고 생각한다면 자신

초격차 성공 수업

감에 오히려 도움이 된다.

따라서 이제 과거에 자신이 한 실패나 실수, 비난과 지금 현재의 자신감을 완전히 분리하는 단계를 거쳐야 한다. 지난 세월의 사건과 사고가 지금의 나를 만들기는 했지만, 그것이 미래까지 부정적으로 영향을 미치게 놔둬서는 안 된다. 그래서 과거와 단절하고 '지금, 여기의 나'에 대한 자신감을 설계해 나 갈 필요가 있다.

자신감이란 사실 어떤 구체적인 실체가 있는 것이 아니다. 그 사전적인 정의 역시 '어떤 일을 해낼 수 있다는 스스로에 대한 믿음'이다. 이 '믿음'이라는 것은 만져지지도, 보이지도 않는다. 그냥 내가 생각하고 믿으면 그만이다. 시험 점수는 누군가가 채점해서 수치로 나타나지만, 이 자신감은 아무도 채점하지 않고 나 혼자 믿어 버리면 된다. 그러니 좀 과장해서 말하면 '나와 내가 짜고 치는 고스톱'이다. 가식적인 마음으로 자신감을 위장하라는 의미가 아니다. 이것은 미래로 뻗어 나가는 내 마음의 동력을 '스스로' 만드는 일이다. 설사 부모님이라도 나에게 자신감을 심어 줄 수 없으니, 나 혼자서라도 단단하게 만들고 알뜰하게 챙기자는 말이다.

신청서에 이름 써 놓고 도망가기

　내가 정말 싫어하는 것 중의 하나가 바로 남들 앞에서 춤을 추고 노래를 부르는 일이다. 소심한 성격의 사람이 그런 것을 좋아할 리 없다는 사실은 누구나 이해할 것이다. 좋아하지 않고 해 보지 않았으니 그 부분에 대한 자신감이 있을 리는 만무하다. 하지만 나는 비록 그런 분야에서도 자신감을 기르고 싶었다. 대학 재학 시절 가요제가 열린 적이 있다. 예전 같으면 그런 행사 포스터를 쳐다보지도 않았겠지만 나는 자신감을 설계하고 기르겠다는 차원에서 도전해 보기로 결심했다. 하지만 역시 쑥스러움은 남아 있었는지, 가요제 참여 신청서에 몰래 이름을 적고 도망쳐 버렸다.

　그날부터 걱정이 몰아쳤다. '막상 무대에 올라 망신을 당하면 어떻게 하지?'라는 생각에 하루 종일 불안했다. 이 불안을 극복하는 유일한 방법은 매일 열심히 노래를 부르고 춤을 추는 일밖에 없었다. 하지만 짧은 시간에 아무리 노력해도 수준 높은 가창력을 기를 수 없다는 사실을 알고 있었다. 그래서 차라리 다소 우스꽝스러운 춤과 노래로 심사위원의 웃음을 이끌어 내고 그 진정성을 인정받아 '인기상' 정도를 목표로 삼았다. 춤 동아리 친구에게서 원포인트 레슨도 받고, 당시 유행하던 발라드가 아닌 댄스곡을 무기로 삼았다.

드디어 대회 당일. 나는 무대에 오르기 전에 매우 당황스러운 일과 맞닥뜨려야 했다. 대상, 금상, 은상, 동상 정도만 있었던 것이다. '인기상'은 없었다. 내가 세운 전략상 여간 당황스러운 상황이 아닐 수 없었다. 다행히도 대학 차원의 가요제이기 때문에 저명한 심사위원이 오는 것도 아니고, 동아리 회장이나 총학 등의 관계자들이 주요 심사를 맡았다. 적지 않은 준비를 해 온 만큼, 상에 연연하지 말고 나 자신을 보여 주자는 생각으로 무대로 힘차게 뛰어올랐다. 대부분 발라드를 준비해 온 탓에 댄스곡을 준비해 온 나는 확실히 차별성이 있었다. 음악이 울려 퍼지자마자 사람들의 환호와 함성이 내 귓가를 때렸고, 사람들은 노래 내내 열광하며 내 퍼포먼스를 즐겨 줬다. 생전 처음 느껴 보는 기분이었다. 나는 그때 비로소 '늘 주변부의 키 작은 아이'에서 벗어나 '무대의 중심에 선 주인공'이 될 수 있었다. 나는 그 기분을 마음껏 만끽하며 후회 없이 무대를 마무리했다. 떠들썩하고 당황스러웠지만 그래도 나름 최선의 노력이 들어간 내 무대에 사람들이 열광한 탓일까? 얼떨결에 '대상'을 받게 되었다. 하지만 나는 '인기상 수준의 대상'이었다고 본다. 정말 탁월하게 잘해서 주는 상도 있지만, '와, 저 친구 정말 열심히 한다'라는 차원에서 상을 주기도 하지 않는 가? 그럼에도 그간의 내 노력이 충분한 의미가 있었다는 점에 서 내가 설계했던 자신감을 당당하게 확보할 수 있었다.

이후 나에게는 또 한 번의 설계 과정이 있었다. 제대한 뒤 다시 영어 공부를 시작했지만, 10대 때의 그나마 가지고 있던 자신감마저 뚝 떨어져 있었다. 한국에서 나 혼자 공부하는 것 으로 영어의 마지막 벽을 넘어 정말로 외국인처럼 유창하게 영어를 할 수 있을 것인가에 대한 의구심이 들었다. 그래서 나 는 다소 대범한 설계를 했다. 대학 4학년 때 임용 고시를 준비 하면서 후배 1, 2, 3학년들을 대상으로 한 영어 회화 수업을 만 들었다. 수업을 운영한다는 것은 내용을 완전히 숙지해야 한다 는 점에서 나에게 큰 책임감이 부여되었다. 그 결과 이렇게 강 제한 임무를 해내면서 시험 준비를 해야 하는 이중고가 발생 했고, 개인적으로 시간을 더욱더 쪼개서 쓰게 만들었다.

가요제 참가에서 시작된 자신감 설계는 다른 사례로 전이 되었고, 내가 자신에게 부여한 여러 미션을 헤쳐 나가면서 더 욱더 자신감이 강해진다는 것을 느꼈다.

소심한 설계도 괜찮다

'나는 자신감이 없어'라며 기운 없는 모습을 보이는 친구들이 착각하는 것이 있다. 우리 모두는 자신이 원하는 것이 있다면 그것을 얻기 위해 노력한다. 예를 들어 유럽 배낭여행을 가고 싶은데 돈이 없다고 하자. 그럴 때 대개는 방학 때나 학기 중에 아르바이트를 해서 돈을 모으고 자신의 목표를 이루려고 한다. 즉 '유럽 배낭여행 가고 싶다 → 그런데 나에게는 돈이 없구나 → 그렇면 어떻게 해야 하지? → 그래, 아르바이트를 해서 돈을 모으자!' 같은 생각의 패턴을 거치게 된다. 그런데 자신감만큼은 이런 패턴을 적용시키지 않는다. '나는 자신감이 없어'에서 끝이 난다.

자신감 역시 마찬가지의 과정에서 얻어질 수 있다. '나는 자신감이 있는 사람이 되고 싶어 → 그런데 나에게는 진정한 자신감이 없구나 → 어떻게 해야 하지?'라는 생각의 흐름 속에서 자신감을 '설계'하라는 이야기다.

내가 해 왔던 자신감의 설계는 사실 그리 복잡할 것이 없었다. 가요제 참가 신청서에 이름을 적어 놓고 도망가거나 내가 영어 공부를 더 열심히 하기 위해 후배들에게 영어 강의를 하는 소심한 설계였다. 다만 중요한 것은 나에게 없는 무엇인가를 얻기 위해 궁리하고 구상하고 최소한의 노력을 기울였다는 점이다.

오늘부터 소심한 설계라도 해 보자. 그 설계도를 남들에게 펼치기 정 부끄럽다면 마음속에 꽁꽁 숨겨 놓아도 된다. 중요한 것은 그 설계를 조금이라도 실천해 보는 일이다. 초격차 성공 수업의 기초는 자신감 설계라는 사실을 잊어서는 안 된다.

현실과 이상을 조화시키는 방법

아직 미래의 직업이나 해야 할 일들이 완전히 정해지지 않았을 경우 대부분 한 번씩 해 보는 고민이 있다. 바로 '내가 좋아하는 일을 해야 하나, 잘하는 일을 해야 하나?'라는 질문이다. 즉 이상을 추구할 것인가, 현실을 추구할 것이냐의 문제다.

이에 대해 어떤 이들은 매우 단편적인 대답을 하기도 한다. "먹고살려면 잘하는 일을 해"라거나 "좋아하는 일을 열심히 하다 보면 돈이 따라온다"는 대답이다. 하지만 좋아하는 일이 돈이 되지 않는 경우는 수도 없이 많고, 잘하는 일만 하려다 보면 인생이 지루하고 따분해진다.

그래서 내가 제안하는 방법은 '현실을 추구하되 그 안에 이상을 부품처럼 끼워 넣어라'다. 이렇게 하면 비록 작은 부품일지언정 단단한 고리가 되어 현실과 이상을 결합시키고, 그 결과 현실의 일도 훨씬 효율적으로 할 수 있게 해 준다. 이러한 현실과 이상의 조화는 '내 인생의 방향을 어디로 향하게 할 것인가'를 결정하는 매우 중요한 선택이 된다.

왜 그들은 합격하지 못했을까?

나에게 현실과 이상은 바로 임용 고시와 영어 회화 실력이었다. 사범대학을 다녔으니 임용 고시는 당연히 치러야 할 '현실'이었다. 하지만 나에게는 외국인처럼 영어를 잘하고 싶은 또 다른 '이상'이 있었다. 영어 회화 공부에 열심인 것을 아는 친구들은 나에게 "넌 도대체 왜 그러냐?"는 핀잔을 줬다. 죽어라 공부해도 임용 고시의 통과 여부를 확신할 수 없는 상황에서 시험과 큰 관련이 없는 것에 시간을 쓰는 내가 한심해 보였던 것이다. 물론 그들의 핀잔도 충분히 이해는 간다. 사실 임용 시험을 두고 '임용고시'라고 부르는 것에는 그만한 이유가 있다. SKY 대학 출신조차 허다하게 떨어지는 것이 임용 고시였고, 더 중요한 것은 연차를 거듭한다고 더 유리해지지도 않기 때문이다.

하지만 초등학교 때부터 가졌던 꿈이자 이상인 영어를 유창하게 구사하는 것을 접어 두고 임용 고시에 올인한다는 사실은 내 마음을 무척 우울하게 만들었다. 현실 때문에 이상을 포기해야 하는 것은 매우 슬픈 일임에 틀림없었다.

나는 이 문제를 해결하기 위해 '비율'이라는 것을 생각해 냈다. 어느 하나에 올인하는 것이 아니라 적절하게 비율을 맞춰서 동시에 함께하자는 계획이다. 그래서 임용 고시에는 70%의 시간과 에너지를, 영어 회화에도 30%의 시간과 에너지를 쏟았다. 물론 어떤 친구들은 이런 비율의 안배조차 이해하지 못했다. 그 30%까지 모조리 임용 고시에 쏟아야 한다고 믿었기 때문이다.

이 비율에 따라 나는 본격적으로 임용 고시를 준비했고, 드디어 그 결과가 나올 시간이 다가왔다. 그런데 정작 결과는 나조차 쉽게 이해하지 못할 정도였다. 함께 시험을 치른 동년

배 남자들 중에서는 내가 유일하게 합격을 했기 때문이다. 나는 70%의 시간을 썼을 뿐인데, 100%의 시간을 쓴 친구조차 허망하게 떨어져 버렸다. 물론 나는 공부에 관한 한 절대로 천재가 아니다. 더군다나 임용 고시, 수능과 같이 큰 시험에서 강했던 스타일도 아니었다. 이에 나는 한동안 왜 이런 결과가 나왔는지를 곰곰이 생각해 봐야 했다. 내가 선택한 '현실과 이상 사이의 비율'에 따른 올인이 정확하게 무슨 의미인지를 나 스스로도 알아야만 했기 때문이다.

핵심 부품의 중요성

여기 하나의 엔진이 있다고 해 보자. 물론 그 엔진에는 수많은 부품이 들어갈 것이다. 그런데 부품에도 레벨 차이가 있어서, 엔진의 힘과 속도를 결정적으로 좌우하는 부품이 있는 것은 당연하다. 그것을 흔히 '핵심 부품'이라고 부른다. 다른 모든 것의 파워를 좌우하는 원천적인 파워. 이 핵심 부품의 존재 여부는 엔진의 성능 자체를 결정짓는 매우 중요한 역할을 한다.

임용 고시 합격으로 가는 나의 노력을 하나의 엔진이라고 본다면 그 안에 있었던 핵심 부품은 바로 내가 좋아하고 하고 싶어 한 영어 회화 공부였다. 만약 내가 그것을 완전히 포기한 채 임용 고시에만 집중했다면 어땠을까? 아마도 나는 끊이지 않는 불만과 회화 공부를 하고 싶은 욕구에 시달렸을 것이고, 그렇게 하지 못하는 상황에서 큰 스트레스를 받았을 것이다. 장기간의 스트레스가 공부의 효율을 떨어뜨릴 것은 자명하다. 그래서 나는 그 고난의 공부 과정 속에 영어 회화라는 소중한 핵심 부품 하나를 끼워 넣었다. 영어 회화를 공부할 때마다 즐거웠고 행복했다. 비록 전체의 30%밖에 되지 않는 시간이었지만 이 시간은 나의 24시간 전체에 활력을 불어넣어 줬고, 나머지 70%의 임용 고시 공부도 더욱 효율적으로 만들어 줬다.

자신의 현실을 위해 이상을 추구하는 시간을 적절하게 배분하라는 것은 단순히 '시간을 나눠 둘 다 해 보라'는 의미가 아니다. 가장 효율적인 핵심 부품 하나를 끼워 넣고 생활의 엔진 전체를 쌩쌩하게 돌아가게 만들라는 것이 본질이다.

더구나 이러한 두 가지의 동시 추구는 '원 오브 뎀One of Them'을 막아 줄 수 있는 지혜로운 대안이기도 하다. 만약 내가 영어 회화 공부를 완전히 도외시한 채 임용 고시에만 올인하고 합격했다고 해 보자. 그렇다면 나는 '수많은 임용 고시 합격자 중의 한 명'에 불과하다. 한마디로 차별화가 없다. 하지만 두 가지를 잘했을 때 나는 '임용 고시 합격자 중에서도 영어 회화를 잘하는 사람'이 되어 다른 이들과 확실하게 구별될 수 있다. 이러한 경쟁력은 향후 어떤 일을 하든 간에 남들로부터 주목을 받을 수 있게 해 준다. 그리고 실제로 그랬다!

주변의 '답'에서 자유로워질 때

다만 이렇게 비율을 나누어 목표를 추구할 때 주의할 것이 있다. 그것은 바로 '나에게 답을 주려는 사람들'이다. 특히 나이를 먹을수록 어른들의 잔소리와 정답의 요구는 디테일해진다. "너 취업은 언제 해?"부터 "장가(시집)를 가야지", 더 나아가 "애는 언제 낳아?", "최소 2명은 낳아야 할 것 아니니?"라며 심지어 자녀의 숫자까지 지정해 주려고 한다.

제대 후 캐나다 어학연수를 가기 전에 임용 시험 준비와 영어 회화 공부를 같이할 거라고 하면 친구들은 "너 왜 그러냐? 다른 애들 다 임용 공부하는데?"라고 숱하게 말하곤 했다.

부모님 역시 나의 미래에 대해 그 일반적인 성공의 방정식인 '안정된 회사에 취직 → 장가 가고 → 애는 둘 정도 낳고'를 달달 외우셨다. 모두 나에게 '답'을 주기 위한 것들이다. 친구가 혹은 아들이 잘되길 원하는 마음은 알겠지만 그것이 답의 형태로 제시되고 내가 그 답에 압박감을 갖기 시작하면 홀가분한 전진을 이어 나갈 수가 없다.

그런데 캐나다에서는 완전히 다른 반응이었다. "나는 영어도 열심히 공부하지만 한국에서 임용 고시도 준비하고 있어"라고 말하면 대부분의 반응이 "와, 쿨하다, 멋있다. 좋은 선생님이 되면 좋겠다"였다. 그들은 나에게 답을 주려고 하지 않고 나를 있는 그대로 보며 응원하고 지지해 줬다. 한국에서 나는 '쓸데없는 짓'을 하는 사람이었지만, 캐나다에서의 나는 '여러 가지를 함께하는 멋진 사람'이었다. 색다른 경험이었다.

한국에서 자신의 비율대로 목표를 향해 가는 데 있어 그 무엇보다 필요한 것은 자신에 대한 지지와 주변의 '답'에 흔들리지 않는 자세이다. 이러한 단단한 토대 위에서 현실과 이상의 비율을 잘 맞춰 나가게 되면 '핵심 부품'의 효율성과 행복함도 결코 흔들리지 않게 된다. 이렇게 현실과 이상을 잘 조화시키는 것은 앞으로 우리가 돌릴 사이클의 정확한 목표를 설정할 때 의미가 있다. 무엇을 어떻게 할지도 모른 채 사이클을 돌

5장. 사이클을 돌리기 위한 예비 작업

리는 것은 종착지를 결정해 놓지도 않고 무작정 운전을 하는 것과 마찬가지이기 때문이다.

초격차 성공 수업

우리는
'몽상가'가 될
필요가 있다

오늘의 내가 있기까지 가장 중요한 역할을 한 것이 있다면 그것은 바로 '몽상'이다. 흔히 몽상은 '실현성이 없는 헛된 생각'이라는 부정적인 의미를 가지고 있다. 그럼에도 불구하고 '상상'이라는 좀 더 긍정적인 단어가 아닌 '몽상'을 쓰는 것에는 특별한 이유가 있다.

대체로 상상은 '현실에 기반해서' 무엇인가를 그려 보는 일이다. '내가 가진 자원으로 무엇무엇이 있으니까 이걸 크게 발전시키면 어떻게 될지 상상해 보자'라는 것이다. 회사에서 창의적인 제품을 만들 때도 마찬가지다. 회사가 가진 인력, 자금, 시간이라는 현실을 완전히 무시한 채 제품을 상상한다면 상사들에게 혼나기 딱 좋을 것이다. 하지만 몽상은 현실에 기반하지 않기에 마음을 자유롭게 해 주고, 그 무엇이든 꿈꿔 볼 자유와 권리를 준다. 따라서 현실의 상황이 좋지 않을수록 현실을 감안하는 '상상'보다는 현실과 전혀 관계없는 '몽상'이 오히려 더 도움이 될 수 있다.

수백 장의 A4 용지에 그려진 미래의 모습
◆ ◆ ◆

임용 고시에 합격한 뒤 그 기쁨은 이루 말로 표현할 수가 없었다. 거기에 영어 회화 실력까지 함께 성장시킬 수 있었으니 그 벅찬 감격은 뭐라 표현하기 힘들었다.

그러나 한 해 두 해 시간이 흘러 교사 생활이 일상이 되다 보니 문득 나의 미래가 어떻게 될지 궁금해졌다. 20년 뒤, 30년 뒤에 나는 무엇을 하고 있을까? 내가 원하는 재미있는 일을 할 수 있을까? 일반적으로 거의 대부분의 교사가 한 번쯤 꿈꾼다는 '교장 선생님'이 되면 재밌을까? 그러나 나에게는 그리 재미있는 결과가 아니었다. 매일 출근하는 그곳에서 늘 보는 교장 선생님. 바로 그분의 모습이 희끗희끗한 머리가 된 미래의 내 모습이라니! 그것이 최종 목표라 생각하니 갑자기 답답해졌다.

　나는 그 재미없는 삶의 울타리 속에서 살아간다는 것을 받아들이고 싶지 않았다. 게다가 나를 더 숨 막히게 하는 것은 교장 선생님이 되려면 '늙어야 한다'는 사실이었다. 어떻게 보면 서글픈 일이 아닌가? 물론 교장이라는 역할도 이 사회에서 매우 중요하고, 교사 생활을 열심히 해야지만 교장이 될 수 있다지만 왠지 나와는 전혀 맞지 않았다. 거기다 그저 하염없이 늙어 가야만 교장의 꿈을 이룰 수 있다니….

　결국 고민 끝에 사직서를 제출했다. 물론 당시에도 강의를 하고 책도 읽으면서 얼마든지 다른 방법으로 성취감 있는 삶을 살아가고는 있었다. 하지만 끝이 뻔히 보이는 레일 위에서 보다 과감하게 이탈해야만 새로운 방향으로 나아갈 수 있으리라 생각했다. 그리고 이러한 힘이 발휘될 수 있었던 가장 큰 이유는 바로 내가 늘 해 왔던 '몽상' 때문이었다.

　예전부터 나는 A4 용지에 무수하게 많은 미래의 내 모습을 그려 봤다. 훗날 내가 어떤 옷차림으로 어떤 일을 하는지를 그려 보기도 하고, 그림에 부연 설명도 해 봤다. 어려서부터 지금껏 그린 것들만 해도 수백 장은 가뿐히 넘을 것이다. 그것은 나에게 주어진 현실과는 그다지 관계도 없었다. 그렇다고 현실에 기반한 것도 아니었다. 그래서 상상이 아닌 몽상이었다.

버킷리스트에서의 차이점

너무 합리적인 토대, 현실적인 상황을 전제하고 자신의 미래를 그릴 때 특정한 한계에 부딪히게 된다. 내가 상상보다 몽상을 좋아하는 이유는 바로 여기에 있다. 지금 내가 가진 것과 지금 내가 처한 현실이 무엇이든, 그 모든 합리적이고 현실적인 토대에서 완전히 벗어나서 나의 미래를 꿈꾸고 싶기 때문이다. 상상보다는 몽상이 훨씬 더 도전적이고 열정적이다. 몽상은 현실의 한계를 격파하는 힘을 가지고 있다.

그런 점에서 나는 사이클을 돌리기 위한 예비 과정에서 반드시 자신의 미래에 대한 몽상을 해 볼 필요가 있다고 생각한다. 어차피 나 혼자만의 생각이니까 뭘 생각하든 남에게 부끄러울 것도 없고 피해를 주지도 않는다. 하지만 그런 가슴 벅차고 아름다운 나의 미래를 떠올리는 것 자체가 이미 나의 실행력에 예열을 가하는 역할을 한다.

한 번쯤 '버킷리스트'를 써 보기도 했을 것이다. 교사가 된 뒤 미국에서 현지 학생들 대상으로 수업을 봤던 경험에 비추면 미국 학생과 한국 학생은 버킷리스트에서 상당한 차이가 있었다. 한국 학생들은 대체로 버킷리스트의 내용이 보편화되어 있으며 누구나 생각할 수 있는 것들로 구성되어 있다. 예를 들어 '좋은 차 사기', '40평대 아파트 사기', '해외여행 가기', '안정된 직업 갖기' 등이다. 리스트가 보편화되어 있다는 것은 한 번 그것을 이뤄 내면 더 이상의 확장이 없다는 뜻이다. 마치 에베레스트 정상에 오르고 나면 더 이상 오를 높은 곳이 없어 약간 허무해지는 것과 같다. 좋은 차는 한 번 사면 수년을 사용해야 하고, 안정된 직장은 나와 맞지 않더라도 계속 다녀야 한다. 즉 안정성은 나의 발전을 가로막기도 한다.

마음을 움직이는 몽상

반면에 미국 학생들의 리스트는 다양화, 세분화되어 있었다. '10개의 외국 도시에서 각각 한 달씩 살아 보기', '이탈리아에 가서 피자 먹기' 등이다. 이러한 리스트는 계속 움직이며 확장될 수 있도록 오픈되어 있다. 10개 외국 도시에서 한 달씩 살아 봤다면 이제 한 도시에서 6개월 살아 보기로 변할 수 있고, 이탈리아에서 피자를 먹었다면 독일에 가서 맥주를 먹어보는 것으로 연결될 수 있다.

바로 이러한 것에서도 나는 상상과 몽상의 차이가 있다고 본다. 한국인들의 버킷리스트는 합리적이고 상식에 근거한 '상상'이다. 누가 들어도 고개가 끄덕여지지만, 단단한 현실에 기반하고 있기 때문에 자유롭지가 못하다. 하지만 외국인들의 몽상적 버킷리스트는 "뭐 꼭 그럴 필요가 있을까?", "그거 해서 뭐하게?"라는 말이 나올 법하다. 하지만 이러한 자유로운 몽상이 더 흥미와 재미를 주고, 그것을 해 보고 싶은 자연스러운 마음이 들게 한다.

우린 모두 몽상가가 될 필요가 있다. 현실 따위를 아예 감안하지 않고 완전히 자유롭게 자신의 미래를 상상해 보는 것. 그래야만 우리는 한계를 뚫어내는 더 강한 힘을 갖출 수 있다.

한 번 맛보면
잊을 수 없는
'실천의 맛'

　자신감을 키웠고, 현실과 이상도 결합시켰고, 몽상을 통해 꿈을 꿔 봤다면 다음 단계로 넘어가야 한다. 바로 일상에서의 '실천 근육'을 기르는 일이다.

　요즘 사람들에게 근육은 건강과 아름다움의 상징이다. 그런데 이 근육이 하는 가장 핵심적인 역할 중의 하나는 우리 몸 전체를 단단히 결합시키고 움직임 그 자체를 가능하게 한다는 점이다. 만약 근육이 없다면 앙상한 뼈와 내부 장기만이 있을 뿐이며, 그것만으로는 앞뒤로 움직일 수도 없고 앉거나 일어설 수도 없다. 그런 점에서 근육은 인간을 행동하게 하는 매우 중요한 부분이 아닐 수 없다.

아무리 꿈과 목표를 가지고 있다고 하더라도 결국 그것을 향해 갈 수 있게 하는 것은 '행동'이다. 이 행동을 가능하게 하는 것이 바로 일상에서의 '실천 근육'이다. 이 근육이 조금씩 자라날 때 꿈과 목표, 미래를 위해 성큼성큼 걸어갈 수 있다. 그런데 더 중요한 것은 단순히 실천 근육 자체만 기르는 일이 아니다. 우리는 이 과정을 통해서 일종의 중독 상태에 이르러야 한다. 보통 '중독'은 좋지 않은 의미로 쓰이지만, 실천 근육이 만들어 내는 중독은 우리 삶을 근본적으로 변화시킬 수 있는 강한 힘을 가지고 있다.

행복으로 가는 직진 코스?

성취감은 '목적한 바를 이뤘다는 느낌'이라는 말로 간단하게 설명되지만, 사실 이것은 우리 인생의 근본적인 목표와 맞닿아 있다. 모든 이가 나름대로의 행복을 최종 목표로 삼지만 결국 이 행복이라는 것 자체가 성취감에서 만들어지기 때문이다. "난 행복하지 않아"라고 말하는 사람들의 면면을 살펴보면 내개 성취감을 느끼지 못한다. 우울하다는 돈 많은 사람이나 누구나 인정하는 명예를 가지고 있어도 "사는 게 재미가 없어"라고 말하는 사람 역시 그렇다. 그들의 외적인 조건이 아무리 훌륭해도 마음속에서 피어나는 성취감이 없으니 우울해지고 사는 재미가 사라지게 된다.

젊은 사람이라면 누구나 온라인 게임 정도는 해 봤을 것이다. 사람들은 왜 게임을 할까? 그냥 재미있으니까? 아무 생각 없이 할 수 있어서? 사실 게임을 하게 되는 동력도 실제로는 성취감이다.

미국 스탠퍼드 대학교에서는 3년간 3만 명 이상의 롤 플레잉 게이머들을 조사했다. 그들을 대상으로 '게임을 하는 가장 큰 5가지 이유'를 추렸는데, 그중 1위가 바로 성취감이었다. 자신의 레벨이 올라가고 캐릭터가 더 강해졌다는 성취감. 바로 이것이 게임을 하게 만들었고 그것으로 행복감을 느낀다.

사실 주변을 둘러보면 성취감은 곳곳에서 작동하고 있다. 직장인도, 육체노동자도, 학교 선생님도, 학생도 모두 자신이 설정한 목표에서 성취감을 얻기 위해 오늘 하루도 열심히 일하고 또 내일을 준비한다. 사람이라면 누구나 자기 발전에 대한 확신을 갖고 싶어 하고 낙관적인 미래를 꿈꾸기 때문이다.

비록 현실은 만족스럽지 않더라도 이러한 확신과 낙관은 사람을 움직이게 하는 근본 동력이 되어 준다. 따라서 성취감은 '행복으로 가는 직진 코스'라고 설명해야 올바르다.

문제는 이 성취감을 느끼기 위해서는 반드시 실천력이 있어야 한다는 점이다. 머리로 생각하고 몸을 움직여야 특정한 성취들이 이뤄진다. 즉 머리로는 무수한 생각을 해도 종국에 실천을 하지 않으면 성취감도, 만족감도, 행복에도 다다르지 못한다.

중독성이 키워지는 비결

나는 실천력이 부족한 사람들에게 두 단계의 실천 근육 만드는 방법을 조언하곤 한다. 첫 번째 단계는 '실천의 맛'을 보는 단계로 아주 소소한 일에서 성취감을 느끼는 것이다. 전문적으로는 '마이크로 태스크microtask'라고 불리기도 한다. 5분에서 길어야 20분 내면 대부분 끝낼 수 있는 작은 일들이다. 오늘 했던 일을 정리하고 내일을 계획하는 일기 쓰기, 팔굽혀펴기 딱 5번 하기, 5분만 청소하기 등이다. 일상의 자잘한 것들을 골라서 무엇이든 '성취'에 이르는 방법이다.

이러한 첫 번째 단계를 꾸준하게 하면 그때부터는 조금씩 실천 근육이 붙게 되고, 그다음에는 두 번째 단계인 '내 삶에 거시적인 영향을 미칠 수 있는 실천의 단계'로 넘어가게 된다. 강사가 되기 위한 연습을 해 보거나 글을 써 보는 일, 독서 모임 같은 것을 만들어 관계를 넓히는 것들이다. 비록 당장은 아니더라도 꾸준하게 하면 내 삶의 흐름을 바꿀 가능성이 있는 일들을 해 볼 수 있다.

"나는 실천력이 없어"라고 말하는 대부분의 사람은 첫 번째의 '실천 근육 쌓기'의 단계를 뛰어넘고 바로 두 번째 단계로 넘어가려고 한다. 그게 정석이라며 지나치게 소소한 일들은 해 보지도 않은 채 '뭘 그런 걸 해?'라고 생각한다. 하지만 첫 번째 단계에 숨어 있는 진짜 비밀이 있다. 그것은 바로 '중독성'이다. 작은 실천으로 얻는 성취감은 '아, 나도 되는구나!'라는 행복한 감정을 느끼게 하고 점점 더 그 성취의 양과 횟수, 속도를 빠르게 하고자 하는 강렬한 욕망을 가지게 된다.

누군가에게는 해당되고 누군가에게는 해당되지 않는 일이 아니다. 사람으로 태어난 모든 사람에게 동일하게 적용되는 과정이다. 이 성취감의 중독에 대해 확신하는 이유는 두뇌에서 내뿜는 호르몬들 때문이다. 이것은 생리적인 분야고 뇌 과학의 영역이기 때문에 단 한 명도 예외가 될 수 없다.

주변에 보면 너무 바쁘고 정신없게 사는 사람이 있다. 가끔씩 그런 사람을 보면 "뭘 저렇게 힘들고 바쁘게 살아?"라고 말할 수도 있지만, 정작 그 사람들은 성취감에 중독되어 그 누구보다 행복한 상태다.

작은 것이 위대한 이유

중독성이 가지는 또 하나의 역할이 있다. 그것은 바로 설사 실패하거나 좌절했더라도 다시 일어서게 하는 회복 탄력성을 매우 강하게 한다는 점이다. 일단 행복한 중독성이 뇌리에 박히면 기억에서 잘 지워지지 않는다. 술이나 담배에 중독되었던 사람이 몇 년이 지나도 불쑥불쑥 다시 술과 담배를 하고 싶어 하는 것과 비슷하다. 뇌에 '각인'이 되었기 때문이다. 이와 비슷하게 긍정적으로 우리 뇌에 각인된 실천의 맛, 행복에 대한 중독은 내 상황이 어려워졌을 때 다시 탄력적으로 회복하

고 원래의 자리로 돌아올 수 있게 하는 매우 중요한 역할을 한
다.

그리고 우리에게 주어지는 이 모든 선물 같은 일들은 5분
에서 20분이면 끝낼 수 있는 마이크로 테스크, 작은 실천에서
시작된다. 작은 실천을 작다는 이유로 무시해서는 안 된다. 작
기 때문에 오히려 하기 쉽고, 누구나 부담없이 도전할 수 있다.
그리고 그 과정에서 성취감에 대한 중독 그리고 회복 탄력성
까지 얻게 되면서 발전할 수 있다. 최소한 이 실천의 영역에서
만큼은 '작은 것이 위대하다'고 봐도 무방하다.

안티프레질,
경험의 세계에
발을 디뎌라

　내가 처음 EBS 영어 강사로 TV에 나오자 이를 본 후배들은 충격에 휩싸였다. 반응은 두 가지였다. 하나는 "학생 때 그냥 그랬던 저 형이 정말 EBS 강사?"라는 것이고 또 하나는 "정말 대단하네, 그동안 열심히 했구나"였다.

　나의 데뷔는 후배들에게 큰 자극제가 되었고, 나에게 노하우를 묻기 위해 찾아온 후배가 많았다. 그럴 때마다 나는 늘 진지하게 성심을 다해 EBS 강사 진출 방법에 대해 조언했다. 그런데 오랜 시간이 흐른 지금도 그때 상담을 받은 후배 중 단 한 명도 EBS 강사가 되었다는 소식을 듣지 못했다. 이것은 그들이 가진 하나의 공통점에서 기인한다. 바로 실행을 미루고 실전의 경험 세계에 뛰어들기를 주저한다는 점이다.

내년에 나를 기다리는 것?

'니트족NEET'이라는 용어를 한 번 정도는 들어 봤을 것이다. 학교에 다니지도, 취업을 위한 교육 훈련도 받지 않는 사람을 말한다. 현재 직장에 다니는 사람조차 10명 중 8명은 니트족이었다는 조사 결과가 발표되기도 했다.

일하기 싫어서 니트족이 된 것은 아니라고 본다. 아무리 열심히 해도 취업 문이 열리지 않아 어쩔 수 없는 경우가 상당수이기 때문이다. 하지만 정작 문제는 '학습된 무기력'이다. 피할 수 없는 힘든 상황을 반복적으로 겪게 되면 결국 나중에는 피할 수 있는 상황이 되어도 극복하려고 하지 않고 자포자기하기 때문이다. 성공을 위한 발판이 되는 실행력 분야에서도 비슷한 일이 발생한다. 경험의 세계에 발을 디디기를 계속해서 미루다 결국에는 아예 실행하지 않는다.

EBS 강사가 되기 위해 상담을 요청해 온 후배들에게 여러 가지 조언을 한 뒤에 나는 늘 이렇게 물었다.

"그럼 올해 지원할 거니?"
"아니요. 좀 준비를 하고 내년에 지원하려구요!"

그러면 나는 다시 묻는다.

"그럼, 내년이면 준비는 충분히 할 수 있을 것 같고?"
"아… 그건, 글쎄요…."

이때 나는 마지막으로 웃으며 한마디 더해 주곤 한다.

"내년이면 준비가 충분히 되는 게 아니고 한 살 더 먹은 네가 기다리고 있을 거야."

실제 EBS 강사가 된 경험이 있는 사람의 훌륭한 조언을 들었음에도 실행을 유보한다면 그들의 소식을 더 이상 기다리지 않아도 된다. 물론 그중에는 정말로 열심히 차근차근 준비한 후 도전하려는 후배도 있었을 것이다. 하지만 나는 준비보다 더 중요한 것이 조금이라도 빨리 '경험의 세계'에 발을 들이는 것이라고 생각한다. 실력이 부족해도 실전을 한 번 경험해본 사람과 막연히 생각만 가지고 실전을 미루는 사람의 차이는 매우 크다. 경험을 하게 되면 '아, 이게 이렇게 돌아가는 거구나'라는 전반적인 레이아웃이 머릿속에 그려지면서 보다 철저하게 준비할 수 있는 방법을 알게 되고, 그것을 달성할 수 있는 계획을 세우게 된다. 바로 이것이 경험의 세계가 주는 매우 중요한 선물 중의 하나이다.

결국 상처와 스트레스가 성장의 자양분

소포나 택배 상자에서 'Fragile'이라고 적힌 것을 본 적 있을 것이다. 깨지기 쉬우니 조심해서 다뤄 달라는 당부이다. 2008년 글로벌 금융 위기를 예언했던 유명한 사상가인 나심 탈레브라는 학자는 '안티 프레질Anti Fragile'이라는 개념을 설파하고 있다. 이 개념은 꽤 경제적이고 사회학적인 개념이기는 하지만 자기계발적인 측면에서도 충분히 의미가 있다. 견딜 수 있는 충격을 계속 받게 되면 깨지는 것이 아니라 더욱 강해진다는 의미이다. 권투에서 잽에 충분히 단련된 사람은 강한 펀치를 맞아도 어느 정도는 견딜 수 있게 되는 것과 비슷하다. '아픈 만큼 성숙해진다'거나 '상처가 많을수록 강해진다'는 것이 바로 안티 프레질을 의미한다고 볼 수 있다.

경험의 세계에 발을 디디는 것은 바로 상처를 받는다는 것이고 이를 통해 점점 힘이 강해지는 자신의 모습을 발견할 수 있다는 뜻이다. 독일 철학자 니체가 한 말 중에 정확하게 '안티 프레질'에 부합하는 말이 있다.

"나를 망가뜨리지 못하는 것은 나를 더욱 강하게 만든다."

심리학에서도 '트라우마 후 성장posttraumatic growth'이 쓰인다고 한다. 고통과 상처를 받으면 처음에는 좌절하고 무기력해지지만, 시간이 흐르면서 새로운 가능성을 모색하고 관계를 개선하고 삶에 감사하는 등 정신적인 변화가 생긴다는 이야기다. 이런 모습들은 굳이 학문의 영역이 아닌, 우리 주변에서도 쉽게 관찰된다. 과거에 많은 고통을 받은 친구들을 만나 보니 어느 순간 훌쩍 성장해 있었다. 훨씬 여유로워지고 세상을 바라보는 눈이 넓어지면서 다른 사람에 대한 배려도 잘하는 사람으로 변모한 것이다.

그러나 이런 성장이 있기까지는 반드시 고통과 상처가 있다. 그래서 이를 회피하고, 결국 경험의 세계에 발을 들여놓지 못하게 된다. 뻔하게 예상되는 부정적이고 힘든 감정의 경험을 계속해서 미루고 싶기 때문이다.

이것을 '스트레스에 대한 지연'이라고 볼 수도 있다. 보통 우리는 자신이 할 일을 미루는 사람들을 게으르거나 무능하거나 혹은 정신력이 빈약하다고 생각한다. 하지만 실제로는 그러한 문제 때문이 아니라 '그 일과 관련된 스트레스 때문'이라는 주장이 있다. 생각해 보면 정말 그렇다. 사소하게는 설거지나 청소를 미루는 것 역시 그 일 자체가 힘들기보다는 그 일을 하는 과정의 스트레스를 견디지 못하기 때문이다. EBS 강사에 도전하기를 미루는 것 역시 그 사람의 개인적인 무능력 때문이 아니라 EBS 강사가 되기까지의 스트레스를 견디지 못하기 때문이었을 것이다.

그런 점에서 우리는 앞서 언급한 '무엇을 하기 위한 충분한 준비'를 다시 한 번 생각해 볼 필요가 있다. 결론적으로 우리는 충분한 준비가 되지 않아도 뛰어들어야 한다. 단박에 무엇을 성공시키기 위해서가 아니라 상처를 받고 스트레스를 감내하면서 점점 더 성장하기 위함이다. '나는 아직 충분한 준비가 되지 않았어'라는 말을 더 이상 하지 말자. '충분한 준비'는 존재하지 않는다. 단지 실행해 나가는 과정에서 준비가 완성될 뿐이다. '한 살 더 먹은 나'를 만나기 전에 '한 살이라도 어린 나'의 상태에서 과감하게 실천의 세계에 발을 들여놓기를 바란다.

운運을 만드는
전략적
노력

성공한 많은 사람이 자신의 과거에 대해 공통적으로 하는 말이 있다. "나는 그때 참 운이 좋았어!"라는 말이다. 하지만 이런 말은 그 사람에게는 매우 다행스러워도 이제까지 운이 없어서 확실한 성장과 발전의 계기가 없었던 사람에게는 자괴감을 한층 더하는 말이기도 하다.

5장. 사이클을 돌리기 위한 예비 작업

"저 사람에게는 운이 있는데 왜 나는 없어? 이건 불공평하잖아."

운에 관한 또 하나의 논리는 '끌어당김의 법칙'이다. '스스로 운을 끌어당기려는 노력을 하라'는 의미이다. 좀 더 구체적으로 말하자면, 긍정적인 사고를 하며 긍정 에너지를 쓰면 우주의 긍정 기운이 나에게 끌어당겨진다는 의미이다.

여기에 대해서도 두 가지 반응이 있다. '나도 성공했어요'라는 반응도 있었지만, '아무리 해도 안 되던데'라는 반응도 있었다. 하지만 아무리 봐도 단지 생각과 의지만으로 성공에 이른다면 이는 너무 불합리해 보인다.

운이 작동하는 기본적 원리

어떤 이론이나 주장이 '법칙'의 수준이 되기 위해서는 한 가지를 만족해야 한다. 그것은 바로 '누구나' 그 법칙에서 예외가 되면 안 된다는 점이다. '만유인력의 법칙'을 보자. 질량을 가진 모든 물체는 중력의 영향을 받는다. 사과를 잡고 있다가 손을 놓으면 땅으로 떨어지는 것이 대표적이다. 중요한 점은 할머니든 청년이든 우울증이 있는 사람이든 심지어 암 환자든 누구나 사과를 떨어뜨려도 모두 땅으로 향해야 한다는 것이다. 여기에서 '누구냐'는 상관이 없다. '무조건 떨어져야' 법칙이 된다. 그런데 안타깝게도 '끌어당김의 법칙'은 이 점에서 기본 조건을 만족시키지 못한다. 아무리 꿈꾸는 것을 원하고 끌어당 기려고 노력해도 자신에게 다가오지 않기 때문이다.

　나는 이 법칙에 대해 두 가지 차원으로 평가한다. '끌어당 김의 법칙은 일부는 맞지만, 일부는 맞지 않는다'라는 것이다. '될 때도 있고 안 될 때도 있으니 그냥 좀 열심히 해 봐'라는 의 미가 전혀 아니다. 좀 더 정확하게는 '거리감'의 문제다. 자석 에는 주변의 쇠를 끌어당기는 자기력이 존재한다. 그런데 그 자기력이 미치는 범위에는 한계가 있다. 바로 이렇게 자기력 이 발휘되는 유효한 공간을 '자기장'이라고 부른다. 만약 쇠가 이 자기장을 벗어나 있다면 어떨까? 그 자기력은 효과를 발휘 하지 못한다. 이것이 바로 운을 부르는 '거리감'에 관한 이야 기다. 나의 노력을 '자기력'이라고 보고 내가 끌어들이고 싶은 '운運'을 쇠라고 보면 이해가 쉽다. 따라서 나의 노력으로 최대 한 운의 근접한 곳까지 전진해 들어가야만 한다.

　나는 EBS 영어 강사에 단 한 번의 도전으로 합격했다. 당시 알려진 경쟁률이 100대 1 정도였으니 누군가는 나의 실력을 높게 볼 것이며, 또 누군가는 "그거 운 아냐?"라고 할 수도 있다. 나는 분명 그 합격을 '운'이라고 보지만, 그간 그 운과의 거리를 최대한 줄이려는 나의 노력이 배경이 되었다고 본다.

사실 처음 시험을 준비할 때 나의 목표는 '최종 합격'이 아니었다. 그때까지만 해도 직접 쓴 책이 한 권도 없었고, 그저 커뮤니티 보드 게시판을 하나 맡아 영어 회화에 관한 글을 업로드하는 게 전부였다. 흔히 말하는 SKY도 아니었고 해외파도 아니었다. 그러니 첫 도전부터 합격을 꿈꾸는 것은 얼토당토않다고 생각했다. 그래서 나는 '2차 면접'을 통해서 시강하는 것을 최종 목표로 삼았다. 합격이 되지 않으면 가슴은 아프겠지만 그래도 직접 면접까지 가 보면 내부 사정을 좀 알 수 있을 테고, 다음 도전이 좀 더 수월할 것이라고 여겼다.

중요한 것은 자기소개서였다. 나는 '나는 이런 사람입니다'라는 방식으로 내 입장에서 소개하기보다는 심사위원들의 입장에서 '도대체 이 사람은 뭐지? 일단 면접이라도 한 번 봤으면 좋겠다'라는 생각이 들게 하는 데 초점을 맞췄다. 과거 어학연수 시절 원어민과 어울렸던 세세한 상황부터 그간 내가 해온 영어와 관련된 인생 경험을 진정성 있게 담아냈다. 나에 관한 최대한의 호기심을 끌어내는 것, 그것만 이뤄지면 2차 면접에 갈 수 있을 것이라 예상했다.

'신의 영역'으로 진입하기 위해

그렇게 원서를 제출하고 초조하게 결과를 기다리던 중 드디어 '2차 면접' 통보를 받고 뛸 듯이 기뻤다. 1차 서류 평가에 합격한 것도 중요하지만, 내가 생각했던 전략적 노력이 제대로 먹혔다는 점에서 더욱 고무되었다. 물론 여기에서 '2차 면접까지만 가자'는 목표는 이뤄졌지만, 그래도 기왕 합격하면 더 나은 일임은 당연했다.

그때부터는 합격으로 가기 위한 보다 특별한 전략이 필요했다. 다른 지원자에 비해 상대적으로 평범한 내가 주목받기 위해서는 차별화가 필요했기 때문이다. 그래서 선택한 것이 바로 영어 랩이다. 앞선 선배 지원자들이 팝송을 부르는 걸 듣고 나는 완전히 차별화된 방법, 약 10초간 영어 랩으로 면접관의 관심과 호기심을 최대한 증폭시킨 다음 비로소 정상(?)적인 강의를 풀어 가기로 했다. 여기에도 나름의 전략이 스며들어 있다. 면접관이 원하는 것은 '방송 강사'이지 '일반 강사'가 아니라는 점이었다. 그렇다면 시청자들이 주목할 수 있는 달란트가 필요하다고 생각했고, 나는 그것을 '영어 랩'을 통해 상징적으로 보여 줬다. 하루 종일 수업 시연을 보느라 지쳤을 방송 관계자들의 입이 벌어졌고, 나는 그것을 확인한 뒤 자신만만하게 시강을 마무리할 수 있었다. 결과는 합격이었고, 나는 이 '운'을 다음과 같이 분석했다. 매 시기마다 절실하고 간절하게 도달하고 싶었던 구체적이고 단계적인 목표가 있었고, 그것을 위해 남들과 다른 점을 어필했다.

나의 EBS 공채 합격기를 다소 길게 늘어놓은 것은 운과 전략적 노력 그리고 그것이 만들어 내는 거리감을 설명하기 위해서다. 운의 법칙에서 가장 중요한 것은 바로 '내가 그 운에 가까이 가려는 전략적 노력을 해야 한다'라는 점이다. 나에게는 면접관의 마음과 합격선의 범위에 최대한 가까이 근접하기 위한 전략적 노력이 있었다. 만약 이것이 없이 그저 평범한 자기소개서, 별다를 것 없는 강의를 했다면 어땠을까? 아마 나는 합격하지 못했을 것이다. 다른 경쟁자들과 차별적인 요소가 없었기 때문이다. 반면 나름의 전략적 노력을 끝까지 했기에 그지점에서 비로소 '운'이라는 마지막 신의 영역이 끌어당겨졌다. 나의 자기력을 최대한 확장하고 운을 그 자기장의 공간으로 끌어당기기 위한 노력, 바로 이것이 전제되어야 비로소 '끌어당김의 법칙'은 완성될 수 있다.

　운은 우리가 전혀 예상할 수 없는 럭비공이 아니다. 누구나 끌어당길 수 있다고 하지만, 그것을 가능케 하는 거리는 최대한 본인의 노력으로 좁혀야 한다. 운은 그제야 비로소 나의 품에 들어오는 정당한 결과물의 하나가 된다.

백로와 까마귀가 말해 주는
인간관계의 자기력

'까마귀 노는 곳에 백로야 가지 마라. 희고 흰 깃에 검은 때 묻힐 세라 진실로 검은 때 묻히면 씻을 길이 없으리라.'

조선 시대 광해군 시절, 선우당이 벼슬을 하겠다는 동생을 말리면서 지은 시조이다. 여기에서 '까마귀'는 정치적으로 올바르지 못한 기득권 세력을 말하는 것이고, '검은 때'란 그런 정치가 만들어 내는 부정부패를 의미한다. 그러나 이 시조는 꼭 정치에만 적용되지 않는다. 우리가 초격차의 성공으로 가는 길에도 반드시 새겨들어야 할 내용이다.

우리의 노력이 만들어 내는 자기력은 자기장 안에 있는 것들을 끌어당기는데, 그것이 꼭 좋은 의미의 운만이 아니다. '나는 그때 왜 그렇게 운이 안 좋았는지!'라고 후회하는 사람은 반드시 당시에 주변에 좋지 않은 사람을 두었고, 좋지 않은 일을 했을 것이다. 그 사람이 부정적인 것과의 거리감을 좁혀 놓았으니 '나쁜 운'이 들어오는 것은 당연하다. 좋은 사람을 만나면 더 인생에 도움이 되는 이야기를 들으며 자신을 추르스게 되고, 그렇지 않은 사람을 만나면 인생은 더 부정적인 사고와 습관을 따라가게 마련이다. '나는 운이 왜 이렇게 나쁘지?'라고 생각하기 전에 자신이 그 나쁜 운에 스스로 접근하고 있는지를 다시 한 번 살펴봐야만 한다.

6장.

퇴행할 것인가, 베팅할 것인가?

복잡다단한 면을 가진 인생을 단 하나로 축약해 말하기는 어렵지만 그래도 삶의 장면을 가장 적절하게 보여 주는 말이 있다면 '퇴행과 베팅'이 아닐까 한다. 퇴행은 충격을 받았거나 현실의 과제를 감당하기 힘들 때 행복했던 어린 시절로 돌아가고 싶은 마음과 행동 혹은 안전한 공간을 찾는 것을 의미한다. 반면 베팅은 현실의 난관을 돌파하기 위해 결과가 불확실한 무엇인가에 과감하게 도전하는 일이다. 안전한 곳이 아닌 더 위험한 곳으로 진입하려 한다는 점에서 퇴행과는 정반대의 행동이다. 우리는 끝없이 이 퇴행과 베팅 사이를 오가고 있다. 중요한 것은 비율이다. 퇴행의 비율이 높아질수록 실천력이 떨어지며 후퇴하는 삶을 살게 된다. 반면 다소 위험해 보이기는 하지만 과감한 베팅을 지혜롭게만 할 수 있다면 우리 삶의 차원을 다른 곳으로 이동시켜 주는 계기가 된다. '실천의 맛'을 봤다면 이제는 베팅을 통해 전진해 보자.

쫄리니까
베팅이다

흔히 '베팅'이라고 하면 결과가 불확실한 일에 돈을 거는 행위를 말한다. 영화에서 많이 보듯이 도박, 경마 등에 돈을 걸고 그로 인해 패가망신하는 경우를 수없이 많이 보게 된다. 그래서 우리는 은연중에 베팅은 해서는 안 되는 것이라는 두려움을 가지게 된다.

그러나 우리는 살면서 끊임없이 베팅을 하고 있다. '이 세상에 확실한 것은 아무것도 없다'는 사실을 받아들인다면, 사실 매 시점이 베팅의 순간이라 해도 과언이 아닌 셈이다. 어떤 사람들은 '베팅을 하지 않는 것도 베팅'이라고 말하지만, 베팅이 존재하지 않는다면 우리는 한 걸음도 나아갈 수 없다. 또 어떤 이는 시쳇말로 "베팅을 하기에는 쫄린다"라고 말하지만, 보다 정확하게는 삶이 어떻게 전개될지 모르는 그 상황 자체가 쫄리기에 우리는 더 베팅을 해야만 한다.

튼실하게 나의 알곡을 채워 갈 때

30대가 되어도 방황하는 경우가 흔하다. 직장에 다녀도 '언제까지 이 일을 할 수 있을까?', '정말 내가 좋아하는 일 맞아?' 하고 고민하기 때문이다. 그런 점에서 삶의 방향이 정확하게 결정되기까지는 계속해서 혼란과 방황의 시간을 거쳐야만 한다.

우리는 이런 방황의 시간을 끝내기 위해서라도, 또 다른 돌파구를 찾기 위해서라도 베팅이라는 과정을 거쳐야 한다. 베팅은 단지 '위험한 일에 운을 걸어 보는 일'이 아니라 '결정되지 않은 혼란한 상황에서 특정 분야에 최선을 다함으로써 나의 앞길을 개척하는 일'이라고 할 수 있다.

캐나다 어학연수 시절이 막바지로 향하고 있을 때, 나 역시 또 다른 생각의 혼란 속에서 마음을 결정짓지 못하고 있었다. 연수를 끝내도 영어 회화 실력에는 어차피 한계가 있을 것이고, 임용 고시를 치르기 위해 잠시 영어 회화 공부를 접어야만 했기 때문이다. 시험에 응시하는 날이 한 해 한 해 늦어질수록 나이도 들어가기 때문에 결정해야 하는 시기, 즉 베팅의 순간이 다가옴을 직감하고 있었다.

앞서도 말했듯이, 나는 '임용 고시에 올인하는 베팅'이 아닌 과감하게 '영어 회화 공부와 병행하는 베팅'을 했다. 즉 두 가지 모두를 함께 가져가는 제3의 길을 선택한 것이다. 그때 이렇게 생각했다.

'임용 고시는 취업이라는 현실에 관한 것이고, 이는 누구나 거쳐가야 할 과정이다. 하지만 나는 그것만으로는 도저히 만족하지 못하겠다. 당장 시험과는 큰 관련이 없더라도 훗날의 단단한 나를 위해서 영어 회화 실력은 필수이다. 게다가 하루를 온전히 시험 공부에만 쏟는다고 합격한다는 보장도 없다. 그러니 전공 공부를 하면서 제한된 시간을 쪼개 영어 회화를 같이 채워 나가 보자. 당

장은 불안해도 결국 임용 고시라는 현실적 문제에도 잘 대처할 수 있을 것이다.'

결과적으로 나의 이런 베팅은 성공했지만 실패했더라도 베팅이 가진 소중함이 무시될 수는 없다. '임용 고시와 영어 회화 공부의 비율을 좀 더 현실적으로 조절해야겠구나!'라는 교훈을 얻고 또 다른 방법으로 베팅을 해 나갔을 것이다. 베팅은 설사 실패를 하더라도 거시적인 안목에서는 성공의 계기가 된다는 이야기다.

베팅의 또 다른 특징은 바로 '내'가 내린 결정이기 때문에 실행력이 높아질 수밖에 없다. 만약 누군가에 의해서 반강요되었거나 온전히 주변 사람들의 말만 듣고 베팅했다면 남는 것은 후회 한 가득이었을 것이다. 하지만 내가 내린 결정은 내가 책임진다는 자세를 가질 수밖에 없기 때문에 설사 실패로 끝난다고 하더라도 후회를 전혀 남기지 않는다.

시간의 위대한 힘을 믿으며

인생의 중요한 베팅이라고 해서 너무 겁내거나 두려워할 필요는 없다. 마치 영화에서처럼 돌이킬 수 없는 판에서 전 재산을 거는 것도 아니고, 내 인생의 전부를 거는 것도 아니기 때문이다. 짧으면 6개월, 길어야 1년 정도만 베팅을 하다 보면 분명 그 안에서 일정한 성과가 나게 마련이고, 설사 성과가 나지 않더라도 이는 또 다른 베팅을 위한 도약의 단계가 되어 준다.

다만 베팅을 할 때 정말로 주의해야 할 점은 '막무가내 베팅'이 되어서는 안 된다는 점이다.

'난 이거 좋아하니까 이걸로 베팅해 볼래!'
'딴 거 할 것도 없는데 이게 제일 낫지 않을까?'

이런 방식은 베팅이 아니라 도박에 불과하다. 제대로 된 베팅을 하기 위해서는 가장 먼저 자신의 능력치를 충분히 객관적으로 분석하고, 그 경로를 예상해야 한다.

이 '경로를 예상하는 일'은 매우 중요한 의미를 지니고 있다. 내가 들이는 시간과 노력만큼 제대로 목표를 향해 가고 있는지를 계속 체크하고, 바다로 가야 할 배가 산으로 가고 있지 않은지를 확인해야 한다. 이런 매 순간의 체크는 나의 엔진을 재확인하고 다음 발걸음을 힘차게 떼는 데 도움이 된다.

또 하나 중요한 것은 '시간의 위대한 힘'을 믿어야 한다는 사실이다. 목표를 이뤄야 한다는 결심이 선 상태에서 베팅을 하기 때문에 시간이 흐르면서 '이거 언제 되는 거야?' 하며 초조한 마음이 들 수 있다. 이럴 때는 반드시 멘탈을 조절하면서 시간을 견뎌 나가야 한다.

나 역시 초창기 캐나다 어학연수 시절에는 부푼 꿈을 안고 떠났고, 그때만 해도 스스로 영어를 괜찮게 한다고 생각했다. 그런데 시간이 흐르면서 자신감 있는 멘탈의 하방이 깨져 버렸다. 현지인 친구들과 대화하면서 부족한 내 영어 실력의 민낯이 드러났고, 내가 원한 이상적인 영어 실력을 갖추지 못할까 봐 극도로 두려워졌다. 하루하루가 초조했고 불안했다. 하지만 나는 시간이 결코 나를 배신하지 않을 것이라는 생각으로 노력을 멈추지 않았다. 그 결과 시간이 점점 흐르면서 색다른 나를 관찰할 수 있었다. 친구들과의 대화에서 예전보다 훨씬 말을 하는 횟수가 늘어나고 있다는 사실을 깨달은 것이다. 그때 나는 '시간의 위대한 힘'을 다시 확신할 수 있었다.

비록 지금은 그저 물 위에 둥둥 떠서 앞으로 나아가지 않는 것 같지만 계속해서 발과 손을 움직이면 결국에는 조금씩 전진한다. 바로 이것이 '시간의 위대한 힘'이다.

요즘은 시대의 속도가 워낙 빠르기 때문에 가만히 있으면 뒤처지고 만다. 다른 모든 것이 앞서서 달려가고 있기 때문에 가만히 있는 것 자체가 바로 '퇴행'이다. 이럴 때 '베팅 카드'는 침체된 나를 바꾸고 물러서려는 정신을 흔들어 깨우는 아주 강한 촉진제가 되어 준다.

시간은
점을 선으로 만든다

앞의 글에서 '시간의 위대함'에 대해서 말했지만 이 위대함은 단지 시간이 축적되어 일의 성과를 크게 만드는 데 그치지 않는다. 선순환을 일으킨다는 점이 중요하다.

우리의 삶은 매우 '다방면'으로 진행된다. 공부나 일만 잘한다고 해서 되는 것이 아니다. 건강관리도 해야 하고 인맥도 쌓아야 한다. 가족이 있다면 아이를 돌보고 배우자의 마음도 살펴야 한다. 물론 재테크도 포함된다. 어느 한 가지 방면만 잘한다고 해서 성공과 행복이 우리에게 주어지지는 않는다. 그런데 비록 힘들더라도 곳곳의 땅에 '행동'이라는 종잣돈을 조금씩 뿌려 놓으면 나중에 점점 자라서 하나의 선이 되어 연결된다. 예를 들어 내가 영어를 열심히 공부했다고 하자. 그러면 나중에는 한 걸음 더 나아가 영어로 된 재테크 책을 읽으면서 더 최신의 투자 방법을 알 수도 있다.

건강관리를 위해 작은 모임에서 운동을 하는 시간이 많이 쌓이면 사람을 알게 되면서 인맥이 확장된다. 가족과의 관계가 좋으면 배우자가 아는 또 다른 가족과도 유대 관계를 맺을 수 있으며, 타인의 성공 비결도 배울 수 있다. 만약 그들에게 최근에 공부한 좋은 정보를 공유하면 더 가까워질 수 있을 것이다.

처음에 내 삶의 개별적인 분야들은 모두 점이었다. 그러나 시간이 흐르면서 그 점들이 서로 만나는 경험을 했다. 영어 공부라는 것이 따로 놀지 않고 재테크 등 다른 분야의 공부와 결합되었고, 이는 인간 관계 확장에 큰 도움이 되었다. 운동도 내 몸을 건강하게 하는 데서 그치지 않고 같은 방식으로 적용될 수 있었다. 이것이 바로 '시간의 위대함'이 가진 또 하나의 탁월한 면모다. 아직은 모든 것이 따로 떨어진 점처럼 보여도 포기하지 않고 꾸준하게 나무를 키운다고 생각하면, 결국 자신의 삶을 풍요롭게 해 주는 수많은 선으로 연결될 수 있다.

드디어
사이클에
도전해 보자

실천 근육도 어느 정도 키웠고, 작은 실천으로 약간이라도 자신감이 생겼다면 이제 본격적으로 사이클을 돌려볼 시점이다. 이것이 가능해지면 당신은 확실하게 '한 단계 전진'이라는 레벨로 오를 수 있으며, 보다 큰 자신감을 가질 수 있을 것이다. 또한 실행력이 생기는 근본적인 이유를 이해할 것이다. 무엇보다 중요한 것은 낮은 단계의 사이클을 성공시키면 자신이 원하든 원하지 않든 그 윗단계의 사이클로 향하게 된다는 점이다. 마치 자전거 페달을 한동안 열심히 밟으면 어느 순간까지는 더 이상 페달을 밟지 않아도 자전거가 앞으로 나아가는 원리와 비슷하다. 시작 자체에는 다소 간의 어려움이 있을 수 있지만, 일단 시작하면 그다음 단계까지 매우 쉽게 전진할 수 있다.

시작부터 마무리까지, 모두 다!

이 책을 함께 쓴 유근용 선생님은 나보다 훨씬 대단한 실행력을 가지고 있다. 나는 이런 대단한 실행력을 '한 분야의 벽을 뚫었다'는 말로 표현한다. 그런데 예전에 유 선생님에게도 하나의 고민이 있었다. 독서와 블로그 운영, 강의 분야에서의 실행력은 놀라울 정도지만, 유독 유튜브를 하는 것에서는 주저하고 있었다는 점이다.

이런 일은 매우 흔하다. 특정 분야에서는 베테랑 수준이지만, 다른 분야에 가면 당연히 초보가 된다. 나 역시 과거에 '독서를 통한 실천력 기르기' 분야에서는 실행력이 매우 뒤떨어졌고 그래서 유 선생님의 많은 도움을 받았다. 따라서 나는 유 선생님에게 본격적인 도움을 주기로 마음먹었다. 어느 날 유 선생님에게 이렇게 말했다.

"유튜브를 알려 드릴 테니 삼발이를 가지고 제 사무실로 와 보세요."

잠시 후 그가 도착했고 드디어 사이클을 돌리기 시작했다.

"자, 유 선생님, 사람들이 블로그에서 어떤 질문을 제일 많이 하나요? 딱 세 가지만 떠올려 보세요."

경험이 많은 사람이기에 그 정도를 생각해 내는 일은 당연히 어렵지 않았다. 그의 대답을 듣자마자 스마트폰을 삼발이에 끼운 후 이렇게 말했다.

"자, 그러면 앞의 3가지 질문에 대해서 설명하고 답하면서 지금부터 영상을 찍어 봅시다."

다소 당황스러운 눈치였지만 촬영은 문제없이 진행되었

다. 나는 다음 단계로 진입했다.

"성공적으로 촬영했으니까 이제 편집을 해 보죠!"

바로 그 자리에서 편집을 시작했다. 편집에 익숙한 나는 이것저것 편집 노하우와 팁을 알려 주면서 1~2시간 안에 편집을 끝냈다. 이제 마지막 단계로 나아간다.

"편집이 끝났으니까 바로 영상을 올리시죠."

영상을 올리고 유튜브를 시작했다는 소식을 블로그에 올리면서 첫 홍보를 시작했다. 늘 주저하던 일을 무려 반나절 만에 뚝딱 끝내 버리고, 유 선생님은 전체 과정을 훤히 이해하게 되었다.

사이클을 돌린다는 것은 '일의 시작부터 마무리까지를 완전하게 수행해 내는 것'을 의미한다. 오늘날 유근용 선생님의 유튜브는 바로 그날이 역사적인 출발점이었다.

사이클 돌리기, 많은 수익의 출발점

한 번 사이클을 돌리면 전체의 구조를 한눈에 파악하게 되고, 성취감을 맛보기 때문에 일종의 쾌감을 느끼게 된다. 좋은 피드백이 있으면 날아갈 듯 기쁘고 실천 근육이 더 강해지며 그동안 낮아져 있었던 자존감마저 상승하는 효과가 있다.

나 역시도 뭔가 새로운 실천을 할 때 일정한 시간 안에 완전히 사이클을 돌리려고 노력한다. 경매에 처음 입문했을 때 그랬다. 부동산에 대해서는 1도 모르는 사람이 경매에 진출하면 일단 심리적인 두려움을 느끼게 된다. 그 복잡한 일을 어떻게 해야 하나 하는 걱정도 들고, 하나하나의 과정을 처리하는 것도 귀찮을 것 같았다. 유근용 선생님이 유튜브에 과감하게 도전하지 못하고 주저했던 이유와 똑같다고 보면 된다. 하지만 평소 '사이클을 돌려야 실행력이 높아진다'고 믿었기에 이것을 목표로 새로운 도전에 나섰다.

우선 교사직을 1년 휴직하고 경매 학원에 다니기 시작했다. 대부분 50대 이상인 곳에 30대인 내가 있었으니 내가 봐도 좀 어색한 상황이기는 했다. 초반 1~2주간 강의를 들으면서 경매에 대한 개념이 서서히 잡히기 시작하자 나는 곧바로 경매에 도전했다. 하지만 무모하게 도전을 할 수는 없었기에 학원 선생님의 도움을 얻기로 했다. 내 나름대로 낙찰받을 땅을 열심히 찾은 후 컬러로 프린트하고 기회를 봐서 선생님과 잠시 이야기를 나눴다.

"선생님, 제가 찾은 땅인데 한 번 봐 주실래요? 4필지인데 가격은 200만 원 정도로 생각하고 있습니다."

그러자 선생님은 잠시 놀란 듯이 나를 한 번 쳐다보더니 "괜찮네요. 한 번 도전해 보세요"라고 말했다. 이제까지 나처럼 짧은 시간에 경매에 도전하는 사람은 없었다고 한다. 그렇게 나는 생애 처음으로 경매에 도전했고 '초심자의 운'이라도 있었는지 10명이 입찰한 가운데 2등과는 단 5만 원도 차이가 나지 않게 낙찰을 받게 되었다.

그런데 경매에서는 낙찰이 끝이 아닌 시작이다. 기존 땅의 등기부에 있는 채권을 말소하고, 내 것으로 온전히 가져오기까지 꽤 여러 단계를 거쳐야 한다. 대부분은 이 과정이 귀찮아서 법무사에게 대행을 맡기는데, 나는 반드시 '처음부터 끝까지의 사이클'을 돌려야 한다는 생각에 혼자 전부 하기로 했다. 아뿔싸! 오전에 한두 시간이면 마무리될 거라던 그 과정은 미처 생

각하지 못했던 변수로 인해 점심시간을 넘겼고, 결국 4~5시간
이나 걸리게 되었다. 하지만 그렇게 전 과정을 알게 되니 자신
감이 확실하게 붙었고 그다음부터는 훨씬 일이 수월해지면서
재미까지 느끼게 되었다. 이후 점점 영역을 확장하기 시작했
다. 공장 부지, 임야, 산, 도로로 손을 뻗쳤고 비록 소액이지만
계속 투자를 해낼 수 있었다.

이렇게 사이클을 돌려 보면 점점 자신감이 생기면서 더 큰
일을 해 보고 싶은 마음이 자연스럽게 든다.

낮은 곳에서 점점 높은 곳으로

앞에서 '낮은 단계의 사이클을 성공시키면 자신이 원하든
원하지 않든 그 윗단계의 사이클로 향하게 된다'로 말했다. 바
로 이것이 사이클이 진화해 나가는 법칙이기도 하다. 늘 더 높
은 것에 도전하려고 하는 것이 사람의 기본적인 심리이기 때
문이다.

나의 그다음 도전 사이클은 상가 분양이었다. 상가는 기존
에 해 봤던 경매와는 또 다른 원리여서 이것 역시 처음부터 차

근차근 모든 과정을 내 손으로 해 봤다. 심지어 분양 회사에 가서 일대일로 맞붙어서 가격을 깎는 시도까지 해 봤다. 이 모든 과정을 거치면서 약 10년간 하다 보니 나의 자산과 그것을 관리하는 능력이 크게 늘어났다.

나는 이 모든 변화의 출발점이 '사이클 돌려 보기'라고 확신한다. 개인적으로 우리나라 영어 시장이 결코 죽지 않는 것은 많은 사람이 중간에 포기하고 계속해서 처음부터 다시 시작하기 때문이다. 그래서 제일 많이 팔리는 교재와 책은 '초보 단계'이며 이것이 반복되면서 영어 시장은 계속해서 살아남게 된다. 이 말은 곧 영어 역시 처음부터 마무리까지 그 사이클을 다 돌리는 사람이 거의 없다는 뜻이다. 물론 영어는 매우 지난한 과정이고 오랜 시간이 걸리기 때문에 쉽지 않다. 그럼에도 영어를 제대로 하는 사람이 있다면 이 사이클을 다 돌린 사람이라는 점을 명심해야 한다.

하나의 도전 과제를 정했다면 초보의 수준에만 머물러 있지 말고 반드시 프로의 수준이 어디까지인지를 확인한 후 그것을 완전히 섭렵하겠다는 목표를 가져 보자. 경매나 영업과 같은 어려운 일만이 아니다. 매우 단순한 과제도 '마무리'를 염두에 두면서 도전한다면 결과에 큰 차이를 남길 것이다.

사이클이
목표하는 것

사이클을 돌리면서 처음부터 끝까지 일을 해 보는 것도 매우 중요하지만, 우리가 이 과정에서 결코 놓쳐서는 안 되는 한 가지가 있다. 그 안에서 '수월함과 재미'가 느껴지는지를 확인해야 한다. 물론 처음부터 재미있는 일을 한다면 그것은 복 받은 것이라 할 수 있다. 매우 운이 좋은 상태라서 사이클을 돌리기 그리 어렵지 않다. 그런데 대부분은 그렇지 않은 일에 도전하게 된다.

그러나 '하다 보면 재미있는 일'이 있다. 회계 분야를 예로 들어 보자. 대부분은 회계를 힘들고 어렵다고 생각하지만 꼭 그렇지는 않다. 처음부터 조금씩 차근차근하다 보면 '어? 생각보다 재밌네?'라고 느끼는 단계가 온다. 그리고 이러한 재미는 일이 수월하기 때문에 생기기도 한다. 즉 수월해지면 재밌게 되고, 재밌으면 수월해진다.

사이클을 돌리는 힘은 바로 이러한 수월함과 재미에서 나오기도 한다. 따라서 사이클을 돌리는 과정에서 그리고 다 돌린 후에 반드시 스스로 수월함과 재미를 느꼈는지를 판단해 봐야 한다. 만약 이것까지 충족한다면 당신이 돌렸던 사이클은 완벽에 가깝다고 봐도 무리가 아니다. 물론 둘 다가 아니라 하나만이라도 있으면 충분하다. 이는 전문성이 쌓여 가고 있다는 증거이며, 더 큰 시간 단위의 사이클을 돌리기 위한 자신감이 탄탄하게 붙을 것이다.

목표를
안전하게
설정하는 법

사이클에서 가장 중요한 점은 '과연 목표를 어느 수준으로 잡을 것인가?'와 '어느 정도 기간에 완수해 낼 것인가?'이다. 시간과 목표 수준, 이 두 가지는 사이클의 뼈대를 설계하는 일이다. 이것은 마음 가는 대로, 나의 눈높이대로 잡아서는 안 된다. 여기에서 가장 중요한 것은 '안전'이다.

건물을 지을 때도 안전이 매우 중요하듯, 목표 설정에서도 마찬가지다. 안전하지 못한 건물 설계는 사람의 생명을 잃게 하거나 공사가 끝나가더라도 어느 한 곳이 무너질 수 있다. 목표 설정도 안전하게 경로를 미리 만들어 놓지 않으면 그 계획의 실패율은 거의 100%에 다다른다. 심지어는 자존감을 무너뜨려 다시 도전할 의욕을 꺾기도 한다.

호랑이 대신 강아지를 그려도 충분하다?

우리는 목표 설정에 관한 두 가지 조언을 많이 들어 왔다. 하나는 '목표는 될 수 있는 한 아주 크게 잡아라'이다. 이는 호랑이를 그리려다 실패할 수는 있어도 강아지는 웬만하면 그릴 수 있지 않느냐는 논리에 기반한다. 최대한 목표를 높게 잡아야 어느 정도 선까지 올라갈 수 있다. 두 번째는 '반걸음만 앞서가는 목표를 잡으라'는 조언이다. 목표를 너무 크게 잡으면 버겁고 무리할 수 있으니 조금씩 성취감을 느끼면서 앞으로 나아가라는 조언이다.

이 두 조언 모두 각각의 결점을 가지고 있다는 점이 중요하다. 호랑이를 그리려다 강아지를 그리게 되면 자존감에 상처

6장. 퇴행할 것인가, 베팅할 것인가?

가 날 수 있다. '그래도 이 정도는 해냈잖아'라는 자기 위로를 할 수는 있겠지만 어쨌든 목표에 다다르지 못했기 때문이다. 목표에 다다랐을 때는 짜릿한 쾌감과 함께 '와, 이제 더 큰 걸 해 봐야겠어!'라는 흥분감이 생겨야 한다. 그래야 다음 사이클을 돌리기가 수월해진다. 그런데 '강아지라도 그렸잖아!'라며 자기 위로만 하고 있다면 목표 달성을 했음에도 심심하고 재미없어진다.

'반걸음만 앞서서 목표를 잡으라'는 조언은 충분히 의미가 있다. 하지만 이렇게 최대한 절제된 목표만을 잡게 되면 어느 순간 확 성장하게 되는 도전을 하지 못한다. 앞에서도 이야기했지만 성취감은 중독성이 있기 때문에 1을 하게 되면 3을 원하게 되고, 3을 하게 되면 7을 원하게 된다. 물론 너무 빨리 따라가서는 안 되겠지만, 그렇다고 해서 1을 하고, 2를 하고, 3을 하는 지나치게 순차적인 과정은 인간의 본성과도 맞지 않을 뿐더러 쾌감과 흥분감을 느끼기는 부족하다.

따라서 나는 'i-1(아이 마이너스 원)'과 'i+2(아이 플러스 투)'라는 두 가지 방법이 좀 더 유용하다고 생각한다. 이 방법에는 배경 설명이 좀 필요하다.

미국의 언어학자인 스테판 크라센 박사는 가장 효과적인 언어 학습에 관해 많은 연구를 해 왔으며 그중의 하나가 바로

'i+1'이라는 이론이다. i는 'current stage'라는 의미로 '지금 내가 서 있는 현재의 상태'이다. 따라서 i+1은 '현재의 단계에서 한 발짝 더 나아간 상태라고 할 수 있다.

여기에 맞춰 앞서 내가 제시했던 'i-1'과 'i+2'를 살펴보면, i-1은 나의 현재 상태에서 한 단계 낮은 상태, 조금 뒤로 간 상태이고 i+2은 현재의 나에서 두 단계 정도 앞서간 상태다. 이 두 가지는 현재 자신의 실행력 단계에서 각각 차별적으로 적용될 수 있다.

♦ 1단계 : 최소한의 실천으로 '실천 근육'을 조금씩 만들어 가는 단계

♦ 2단계 : 하나 정도의 사이클을 돌리면서 자존감과 자부심을 회득하고 더 높은 사이클에 도전해 보는 단계.

♦ 3단계 : 2~3번의 점점 진화된 사이클을 돌린 후 일의 원리를 파악하고, 자신을 전반적으로 잘 관리하는 상태 (하지만 번아웃에 대한 통제력은 약한 상태)

♦ 4단계 : 실행력이 완전히 몸에 익어서 생각한 대로 실천하고, 실천하는 만큼 성과를 얻을 수 있으며, 때로는 주어진 한계와 장애물까지 돌파하며 원하는 것 이상의 성과를 얻는 단계 (번아웃을 거의 완전히 통제·관리할 수 있는 단계)

단계별로 차별화된 목표 설정

1단계와 2단계에서는 i-1의 목표를 잡고, 3단계에서는 i+1, 4단계에서는 i+1~i+2의 목표를 잡으면 된다. 왜 1~2단계에서는 오히려 현재의 상태보다 한 걸음 후퇴한 목표를 잡으라고 할까 하는 의문이 들 수 있다. 이 단계는 아직 습관화가 완전히 자리잡히지 않았기 때문에 i+1~i+2의 높은 목표를 잡게 되면 금세 무너질 수 있다.

무엇인가를 습관화할 때 최고의 상태는 '저 정도는 별것 아닌데?'라는 생각이 들 때다. 바로 현재의 상태에서 i-1의 목표를 잡는 것이다. 걷기 운동이 습관화되지 않았을 때 시작하기에 가장 좋은 방법은 '하루에 5분 걷기'이다. 사실 누가 봐도 우습게 보이는 목표다. 다만 습관화는 한 번 하고 끝내는 것이 아니라 '매일 꾸준히' 하는 것이다. 따라서 '하루에 5분 걷기'라는 목표를 잡으면 무리하지 않고 수행해 낼 수 있다. 바로 이것이 쉽고 만만해 보이는 i-1의 목표 잡기이다. 1단계와 2단계에서는 바로 이렇게 습관화를 이뤄 내야 한다.

그런데 매번 이렇게 하면 더는 발전이 없다. 따라서 1, 2단계에서 습관화를 이뤄 냈다면 3~4단계로 나아가 i+1을 추구해야 하고, 3단계 경험이 어느 정도 쌓여서 번아웃을 예측할 수 있는 4단계가 되면 i+2의 목표를 잡아야 한다. 이때는 이미 걷기를 매일 할 수 있는 상태가 되었기 때문에 약간 무리해도 큰 타격이 없다. 설사 하루 정도 실패한다고 해도 언제든 회복 탄력성으로 제자리에 올 수 있고 자존감에도 상처 입지 않으며 가볍게 재도전할 수 있다.

3~4단계에서는 '감당할 수 있는 강제력'을 동원하는 것도 한 방법이다. 흔히 하는 조언이지만 사람들과 함께하는 스터디를 조직하면 '인간 알람'을 설정하는 셈이다. 만나야 할 사람에게 부끄럽지 않기 위해 어떻게든 해내기 때문이다. SNS에 공표하는 것도 좋다. 보는 사람이 적을 수도 있지만 적어도 자신은 수시로 확인하고, 단 한 명이라도 주목하는 사람이 있다면 그 시선을 부담감 삼아 매번 목표에 도달할 수 있다.

우리가 살아가는 자본주의사회는 '욕망의 마케팅'이 판을 치는 곳이다. 당신이 할 수 있는 것보다 훨씬 더 크고 좋은 것을 보여 주면서 "야, 너도 할 수 있어!"라고 유혹한다. 그러나 1~2단계에도 오르지 못한 사람이 3~4단계의 것을 성취하려 한다면 그것은 그저 '망상'에 지나지 않는다. 자신의 현 단계를 파악하고, 차별적인 목표를 설정하면서 보다 안전하게 달려 보도록 하자.

실천의
완벽이 아닌
과정의 완벽을 위해

'완벽주의'를 선호하는 사람 중 실행력이 부족한 경우가 적지 않다. 자신이 해야 하는 일이 목표에 완전히 부합해야 하고, 그 과정에서 실수나 불완전한 단계는 없어야 한다는 생각에서다. 문제는 완벽주의를 추구하다 보면 실행이 더뎌지고 원하는 대로 진행되지 않으면 재빠르게 포기해 버리는 습관을 낳는다는 데 있다. 이러한 과정을 몇 번 거치다 보면 자신도 모르게 '되지도 않을 거 뭐하러 해?'라고 여기게 된다. 이때라면 실행력은 바닥으로 떨어졌다고 봐도 무방하다.

사실 나 역시 어느 정도는 완벽주의가 있다. 학창 시절을 너무 소심하게 보낸 탓에 '뭔가를 제대로 하지 않으면 손가락질을 받겠다'는 생각이 강했다. 그러나 수많은 실행의 과정에서 나는 완벽주의의 단점을 보완할 수 있는 방법을 알게 되었다. 그것은 '실행에서의 완벽주의'가 아닌 '과정에서의 완벽주의'를 실천하는 일이다.

실패해도 반드시 뭔가를 남기는 사람

완벽주의를 가진 사람의 특징 중 하나는 대체로 '남에게 보여지는 완벽'에 관심이 많다. 주변으로부터 "저 친구는 뭔가를 한 번 하면 제대로 해내는 사람이야"라는 말을 듣길 원하고, "치밀하고 실수가 없는 친구야"라는 말에 끌린다. 그래서 이들은 완벽하게 일을 처리해 내기도 한다. 다만 세상에 완벽한 사람이란 있을 수 없기에 때로 실수를 하고, 그것이 오히려 실행력의 발목을 잡는다. 그런 점에서 완벽주의적 성향의 사람은 감정의 기복도 매우 심하다.

원하는 목표에 제대로 접근하지 못한다는 느낌이 들면 불안하고 두려워진다. 물론 이러한 불안과 두려움은 성공의 발판이 되기도 하지만 이를 견뎌 냈을 때의 이야기다. 견뎌 내지 못하면 모든 것을 무너뜨리는 역할을 하게 된다. 예를 들어 '내 아이는 서울대를 가야 해'라는 강한 의지를 가진 부모가 있다고 해 보자. 이 역시 완벽주의의 하나다. 그런데 이런 부모들은 아이들에게 강하게 '서울대'라는 목표만 주입할 뿐, 정작 아이가 현재 어떤 실력이며 무슨 과정을 거치면서 공부를 하는지를 모른다. 아이에 대한 관심보다 "자네 아이는 어느 대학을 들어갔나?"라는 주변의 시선에만 사로잡혀 있기 때문에 발생하는 현상이다. 아이의 대학이 자신의 인생 레벨을 결정한다고 믿기 때문이다. 이는 정작 공부를 하는 자녀에게도 그릇된 완벽주의를 심어 준다. '나는 서울대에 가야 해'라는 결과적 완벽주의에만 사로잡혀 강박적으로 자신의 시험 점수에 집착하게 한다.

이러한 문제에서 벗어나기 위해 나는 늘 '과정의 완벽주의'가 필요하다고 말한다. 원하는 목표가 있다면 그 목표로 향해 가는 여러 단계를 하나하나 완벽하게 실천하고 있는지가 더욱 중요하다는 이야기다. 결국 Z라는 마지막을 성취하기 위해서는 'A, B, C…'라는 과정을 거쳐야만 한다. 만약 중간을 뛰어넘게 되면 Z를 성취할 수 없다. 하지만 결과의 완벽주의를 가진 사람의 머릿속에는 오로지 Z만이 자리한다. 그렇게 실제 체계적인 접근에 대한 관심과 노력은 떨어지게 된다. 그 결과 오히려 애초에 목표한 '완벽'을 달성하기 힘든 상태가 된다. 반면 'A, B, C…'라는 과정에 집중한 사람은 설사 Z에 다가가지 못하더라도 L, M, N에까지 근접함으로써 어느 정도의 성취를 이뤄 낼 수 있다. 그리고 이 N까지 접근한 사람은 그것을 기반으로 또 다른 기회, 다음 단계의 레벨로 진입할 수 있게 된다.

결과적으로 목표에 접근하기 위한 하위의 과제들을 얼마나 완벽하게 해내느냐 하는 '과정의 완벽주의'는 비록 실패를 하더라도 특정한 수준을 성취할 수 있다는 장점이 있다.

감정도 관리의 대상

사실 완벽주의는 제대로 통제하지 못한 자신의 감정이 오히려 완벽으로 가는 길에서 장애물이 된다. 4~5살 아이 30명을 대상으로 한 실험에서도 완벽주의적 성향이 높은 아이들은 분노와 걱정 같은 스트레스가 더 많이 증가한 것으로 나타났다. 성인 완벽주의자들 역시 우울감이나 수치심, 불안, 공격성 등이 더 나타나고 심지어는 음식 장애, 알코올중독까지 유발하는 것으로 나타났다. 이러한 상태에 있으면서 자신이 애초에 정한 목표를 '완벽하게' 수행한다는 것은 불가능에 가깝다.

우리는 흔히 '성공'을 돈이나 자산 등 물리적인 것으로만 생각하는 경향이 강하다. 그러나 매 시기 자신에게 닥쳐 오는 감정 관리를 어떻게 하느냐도 매우 중요한 배경이 된다.

많은 직원을 거느리는 경영자들 역시 자신과 직원의 감정을 관리하는 것이 곧 '성공으로 가는 또 하나의 지름길'이라는 점을 인정하고 있다. 한때 '전설적인 경영자'로 불린 잭 웰치 역시 "감정 역시 당연히 조절하고 경영해야 할 대상"이라고 말한 바 있다. 마찬가지로 자기 경영에 있어서도 이 감정은 매우 중요하게 다뤄야 할 부분이다. 매 시기 파도처럼 오르내릴 수 있는 감정을 다스리기 위해서는 주어지는 장애물이나 위험 요소를 오히려 역동적인 상황으로 여기고 이를 여유롭게 받아들이는 자세가 필요하다.

시행착오의
두 가지 얼굴

완벽주의에도 두 가지가 있다고 했다. 결과의 완벽주의와 과정의 완벽주의다. 이와 비슷하게 '시행착오'에도 두 가지가 있다. 바로 '애매한 시행착오'와 '확실한 시행착오'이다.

보통 시행착오는 다소 부정적인 뉘앙스를 가지고 있다. 나의 잘못된 판단으로 목표도 이루지 못하고 시간만 낭비한 것을 의미하기 때문이다. 하지만 '확실한 시행착오'는 이러한 부정적인 면을 상쇄하고 긍정적인 면을 강화한다. 그 핵심은 '자기주도성'이다. 확실한 시행착오는 모든 것이 자신의 판단과 결심에서 시작하고, 남의 평가에 연연하지 않는 상태에서 끝까지 밀어붙이며 얻게 되는 것이다. 시행착오는 실패의 일종이지만 이렇게 모든 것을 자기주도적으로 하면 확실한 교훈을 얻을 수 있으며 개선의 방법도 알 수 있다. 한마디로 '퀄리티가 좋은 실행'이라고 할 수 있다.

　반대로 '애매한 시행착오'가 있다. 누군가에 의해 떠밀리듯 일을 시작하고, 그것을 하는 와중에도 계속해서 '이게 맞는 거야?'라며 방황하는 것이다. 그러다 보니 결과마저 흐지부지해진다. 겉으로 볼 때는 그래도 뭔가를 하는 것 같아 보이지만 정작 실속은 거의 없는 '부실한 실행'이라고 할 수 있다. 이러한 애매한 시행착오는 자신의 머리로 생각하지 못한 채 불안의 바다 위에서 떠밀려가는 것에 불과하다. 그리고 결국에는 아무 남는 것도 없이 시간 낭비만 하게 한다.

　지금 내가 어떤 방식으로 노력하고 있는지 그리고 어떤 시행착오가 다가올 수 있는지 다시 한 번 점검해 볼 필요가 있다.

후퇴하지 않을
철벽의 마지노선이
있는가?

　누구나 한 번쯤 겪는 일이지만, 부모님이 죽음의 위기에
직면했다는 사실은 큰 고통과 좌절의 시간을 보내게 한다. 나
역시 어머니가 유방암 선고를 받고 수술을 하게 되었으며, 아
버지는 병원비 마련을 위해 고생하셨다. 이러한 집안의 위기
는 내 인생의 내적 갈등도 더욱 증폭시키는 역할을 했다. 대학
4학년 때의 일이었으니 임용 고시와 영어 회화 실력 사이에서

더 많은 고민을 해야 했고, 하루 빨리 취업을 해야 한다는 압박감을 느꼈다.

간병을 위해 가끔씩 병원을 드나들 무렵 겪은 한 충격적인 경험은 오늘까지도 나를 분투하게 하는 계기가 되었다. 내가 오늘도 하루를 최선을 다해 전력투구할 수 있는 것은 바로 '죽음'이라는 마지막 순간이 나를 향해 저벅저벅 걸어왔기 때문이었다.

27살의 여성, 그녀의 마지막 순간

최근에 읽은 한 기사는 '동기부여의 방법'에 대한 나의 생각을 다시 굳힐 수 있게 했다. 2021년 10월, 캐나다 워털루 대학 연구진은 참가자 669명을 대상으로 팔굽혀펴기, 스쿼트 등의 운동을 권고하고 독려했다. 그때 연구진은 다음의 4가지 메시지를 전하면서 어서 운동을 하라고 권했다.

♦ 육체적 활동을 하지 않아 납세자들은 연간 68억 달러의 비용을 추가 부담한다(재무).

♦ 캐나다 성인 4명 중 1명은 비만을 앓고 있다(비만).

♦ 전 세계 6%는 활동량이 적어 사망한다(죽음).

♦ 운동할 시간이 없는 사람들은 질병에 걸릴 시간을 찾아야 할 것이다(질병).

이 메시지를 읽은 후 운동을 한 참가자들의 동기는 1~7단계까지 등급을 매겨 측정했다. 그 결과 질병에 대한 경고와 죽음에 대한 경고가 각각 4.8점과 4.68점으로 가장 높았다. '운동을 위한 동기부여에서 가장 강력한 것은 결국 질병과 죽음이었다'는 결론이 도출되었다.

어머니가 처음 유방암을 선고받고 수술할 때 슬프고 힘들기는 했지만 내가 어찌할 수 있는 일은 없었다. 최대한 담담하게 받아들이고 어머니의 쾌유를 비는 것이 내가 할 수 있는 거의 전부였다. 사실 그 전에도 가끔씩 지인들의 부모님이 돌아가셨다는 이야기를 들었기에, 나에게도 언젠가는 그런 일이 생길 수 것이라는 막연한 추정만 할 뿐이었다.

내가 정작 충격적으로 받아들인 건 어머니와 같은 병실에 있던 한 여성에 관해서였다. 어머니께서는 그 여성에게 나에 관한 말을 먼저 해 놓으셨는지 처음 병실을 찾았을 때 먼저 말을 건넸다.

"아이구, 아드님이 참 잘생기셨네."

나도 얼떨결에 "안녕하세요"라고 응대를 했다. 그런데 생각보다 그녀는 어려 보였다. 그녀의 나이는 27살에 불과했고 병명은 폐암 말기라는 이야기를 나중에야 들었다. 27살 여성이 폐암 말기 환자인 경우는 그리 흔치 않다. 그 이후 병실에 찾아갔을 때 그녀의 모습은 보이지 않았다. 어머니에게 물어봤지만 딱히 속 시원한 대답을 하지는 않으셨다.

"글쎄, 몸이 더 안 좋아진 것 같아. 몇 번 밤에 응급실에 다시 실려가더니, 한 번은 가족이 와서 짐을 다 정리하더라구."

그 이야기를 듣는 순간 숨이 가빠지는 것을 느꼈다. 그리고 병원 밖으로 나가는 나의 발걸음이 유난히 빨라지고 있다는 사실을 알았다. 그것은 27살의 젊은 나이에 생을 마감했을지도 모른다는 안타까움과 '죽음'이라는 것이 어쩌면 나에게도 그리 먼 것은 아니라는 생각 때문이었다. 내가 그때 꿈꾸었던 임용 고시와 영어 회화 실력은, 어떤 이들에게는 '사치'일 수도 있었다. 내가 삶의 고민으로 방황하는 그 시간에 어떤 이는 죽음을 앞두고 있었다. 내가 단 하루라고 게으르게 산다는 게 꼭 죄를 짓는 것만 같았다.

당신의 마지노선은 무엇인가?

　어머니는 그 이후 유방암이 어느 정도 나아 정상적인 생활로 돌아오셨지만, 다시 7년 뒤에 대장암 판정을 받으셔서 수술을 해야 했다. 정말 그때는 어머니가 돌아가시는 줄 알았다. 당시 나는 이미 결혼을 해서 아이가 있었고 경제적으로 조금씩 자리 잡아 가고 있었다. 하지만 그럼에도 어머니를 케어해야 한다는 사실이 많이 당황스러웠다. 특히 그 후 요양 병원에까지 들어가셔야 했으니 나에게는 매번의 과정들이 새로운 도전이 되었다.

　특히 당시 나에게 꽤나 큰 깨달음을 준 사건이 있었다. '어쩌면' 세상을 떠났을 27살 여성 이야기의 연장선상에 놓인 이야기다. 요양 병원에 병문안을 갈 때마다 어머니와 한 방을 쓰시던 환우분들은 나를 환대해 주셨다. 갈 때마다 손을 잡아 주고 웃어 주시고 과일도 깎아 주셨는데 행여 바빠서 한 달에 한 번 들르게 되면 꼭 한 분씩 안 계셨다. 병세가 더 안 좋아지셔서 퇴원하셨거나 돌아가신 거였다. 그렇게 꽤 많은 숫자의 환우분이 한 분씩 떠나셨고 이는 내게 정말로 큰 충격을 줬다. 너무 무서워서 오가는 차 속에서 펑펑 운 적도 있고, 눈물을 닦고 EBS 녹화장에 들어간 것도 여러 차례였다. 다행히도 이후 어머니는 건강을 되찾고 퇴원하셨고 지금도 여전히 생존해 계시지만 '나에게도 언제나 죽음이 가까이 올 수 있으며, 그 시간 전까지 최선을 다해야 한다'는 초심을 떠올리는 계기가 되었다. 문득 스티브 잡스의 유명한 연설이 떠오른다.

> "삶의 최고의 발명품은 죽음입니다."
> "죽음은 삶을 변화시킵니다."
> "다른 누군가의 삶을 사느라 인생을 낭비하지 마세요."
> "여러분의 가슴과 직관에 따라 살 수 있는 용기를 내세요."

부모님이나 지인의 죽음을 경험해 보지 못한 사람은 나의 경험이나 스티브 잡스의 말이 와닿지 않을 수도 있다. 하지만 그 누구도 부인할 수 없는 사실이며 진실이다.

누군가는 삶이 게을러지고 활력이 없어지면 새벽시장을 가 보라고 말하지만, 나는 장례식장을 찾아보라고 말하고 싶다. 장례식장에는 방문자들을 위한 고인의 이름과 사진을 게시판에 띄워 놓는데 의외로 젊은 청년의 얼굴도 자주 등장한다. 그들의 사진을 볼 때마다 '저렇게 젊은 사람이 왜 운명을 달리했을까'라는 의문과 안타까움도 느끼지만, 한편으로는 지금 나

에게 주어진 생활과 삶이 얼마나 소중한지를 또다시 깨닫게
된다.

꼭 죽음이 아니어도 괜찮다. 중요한 것은 내 삶에 강한 엔
진인 '마지노선이 될 수 있는 그 무엇'이기 때문이다. 사랑하는
이성 친구나 부모님도 가능하고, 해외에 유학을 보낸 자녀도
나를 움직일 수 있는 심리적 마지노선이 될 수 있다. 그 어떤
것이든 무너지지 않는 그 철벽의 마지노선을 내 마음속에 심
을 때 우리는 그것을 떠올릴 때마다 실행력을 발휘하고 초격
차로 앞서 나가는 순간을 즐길 수 있다.

거절할 수 없는
제안을
하는 법

1인 기업을 하다 보면 숱하게 다른 파트너와 협업을 해야만 한다. 일의 형태가 아니더라도 필요한 사람을 만나야 하고 도움도 얻어 내야 한다. 꼭 업무의 형태가 아니더라도 살다 보면 분명 남에게 도움을 요청하거나 제안을 해야 할 때가 있다. 꼭 만나 보고 싶은 인물도 있다. 그럼에도 이럴 때는 보통 매우 주저하게 된다.

이 상황에서는 '거절할 수 없는 제안'을 염두에 두고 시나리오를 짤 필요가 있다. 입장 바뀌서 내가 들어 봤을 때도 '그래? 꽤 흥미로운데, 그럼 한 번 만나 볼까?(함께 일을 해 볼까?)'라는 생각이 들게 해야 한다. 반대로 상대의 입장을 생각하지 않고 '무조건 꼭 한 번 뵙고 싶습니다', '꼭 일해 보고 싶어요'라고 말하는 것은 사실 이기주의에 가깝다.

지금부터 말하는 두 가지 사례는 사람을 만나고 프로젝트를 진행할 때 어떻게 상대방이 거절할 수 없게 만드는지를 알려 줄 것이다.

상대방의 시간 줄여 주기

내가 처음 EBS에서 영어 강사를 하고 있을 때였다. 처음에는 EBS에 출연하는 것 자체가 너무 기쁘고 행복한 일이었지만, 시간이 흐를수록 나 자신을 브랜딩해야겠다는 생각이 많이 들었다. 하지만 혼자서 브랜딩하는 방법을 전혀 모르겠고 무엇부터 시작해야 할지도 알 수 없었다.

그때 나의 눈에 들어온 분이 국내파 미드영어 전문가 김명

호 선생님이었다. 당시 유튜브를 보면서 미드로 틈틈이 영어 공부를 하고 있었는데, 내가 보기에 그분은 해당 분야에 전문화되어 있었고 자기 브랜딩을 무척 잘하는 것 같았다. 그때 이런 생각이 들었다.

'이분을 만나면 지금 나의 고민이 해결될 것 같은데, 나 같은 생각을 하는 사람이 나 혼자만은 아닐 거야. 어떤 방법을 써야 내가 이분을 만날 수 있을까?'

그때 나는 세 가지를 매우 중요하게 생각했다. 첫 번째는 신분의 담보이다. 낯선 사람이 만나자고 할 때는 누구나 경계심을 가질 수밖에 없다. 그런 점에서 일단 소개를 잘해서 내가 이상한 사람이 아니라는 사실로 안심을 시켜야 한다. 두 번째는 상대방의 시간적 부담을 줄여 주는 일이다. 대체로 자신의 일에서 특화된 전문성을 가진 사람들은 유유자적하지 않다. 시간을 쪼개서 쓰는 경우가 많기 때문에 그 시간적 부담을 줄여 줘야 했다. 세 번째는 진정성이었다. 정말로 자신을 만나고 싶어 하는지, 얼마나 간절하지를 알려 줘야 했다.

먼저 온라인을 통해 상대방이 관심을 가질 만한 질문을 했다. "어떻게 하면 영어를 잘할 수 있어요?"와 같은 추상적이고

초격차 성공 수업

진부한 질문에는 답해 줄 것 같지 않았다. 그래서 나는 질문을 바꾸었다.

"이번 콘텐츠가 너무 좋았습니다. 구독자들의 어떤 측면을 예상하면서 이런 콘텐츠를 만드셨는지요. 혹시 선생님께서도 어린 시절에 비슷한 추억이 있으셨던 것은 아닌지요?"

대단히 수준 높은 질문은 아니더라도 최소한 상대방이 관심을 가질 만한 내용이라고 봤다. 그리고 이메일을 보내면서 나에 대해 검색할 수 있는 자기소개를 조금이나마 해 봤다. 나의 신분을 정확하게 밝히고 호기심 어린 질문을 하면 분명 반응이 있을 것이라 생각했다. 역시나 답변이 왔고 이어 이메일이 오가는 중에 김 선생님의 전화번호를 알게 되어서 바로 전화를 드렸다.

"많이 바쁘실 텐데 외람되지만 제가 직접 선생님이 계신 곳으로 갈 테니 만나 뵙고 이야기를 나눌 수는 없을까요?"

상대의 입장 유추

　내가 상대방이 있는 위치까지 가는 행위에는 상대방의 시간을 줄여 주려는 의도가 깔려 있다. 낯선 사람을 위해 오가는 시간까지 쓰고 싶은 사람은 그리 많지 않을 것이다. 약간 망설이는 듯해서 나는 곧바로 이렇게 이야기했다.

　"괜찮으시다면 오늘 편하신 시간에 제가 집 앞으로 가도 될까요? 10분이라도 좋습니다."

　경험상 무엇인가를 망설이는 상태가 길어지면 사람은 긍정적인 선택보다 부정적인 선택을 할 가능성이 높다. 다행히도 내 물음에 선생님은 비로소 OK를 해서 당장 집 앞으로 달려갔고, 적지 않은 시간 동안 정말로 진심 어린 조언을 해 주셨다. 지금도 그분의 조언을 나의 브랜딩에 철저하게 적용하고 있다. 더 감사한 일은 유근용 선생님을 알게 된 것도 그 김 선생님의 소개였다는 점이다. 필요한 조언도 얻고, 또 서로 도움을 주고받을 수 있는 또 다른 인맥까지 소개시켜 줬다는 점에서 큰 수확이 아닐 수 없었다.

다시 요약하자면 누군가를 만나고 싶을 때는 나의 신분에 대해 명확하게 설명하고, 상대방의 시간적 부담을 줄여 줘야 하고, 나의 진정성과 간절함을 보여야 한다. 만약 이렇게 했음에도 불구하고 만남에 대한 제안이 거부된다면 정말로 그 사람은 나를 만날 시간적·정신적 여유가 없기 때문이라고 봐야 한다.

상대방에 대한 이러한 접근법은 비즈니스 영역에서 회사를 상대로도 충분히 활용될 수 있다. 한 번은 상장까지 한 큰 교육 기업인 A사에서 매우 꾸준히 판매되는 영어 교재 시리즈가 있다는 것을 알게 되었다. 내가 잘하는 일은 영어 교재를 쓰고 영어 인터넷 강의를 제작하는 일이다. 그래서 혹시나 해서 해당 교재를 기반으로 하는 인터넷 강의가 있는지를 찾아봤다. 놀랍게도 이 책은 학원용으로만 판매되고 있었고 인터넷 강의는 찾기가 어려웠다. 문득 스치듯이 아이디어가 떠올랐다. A사의 인지도와 훌륭한 교재 그리고 나의 인터넷 강의 제작 실력이 만난다면 적지 않은 시너지가 발생할 수 있을 것 같았다.

그런데 본격적인 제안을 하기 이전에 '왜 A사에서 오랜 기간 동안 해당 교재에 대해 인터넷 강의를 제작하지 않았을까?'를 유추해 봤다. 이러한 상대방의 입장에 대한 유추는 내가 파고 들어갈 지점을 도출하는 데 있어 상당히 유용하다. 나의 짐

작으로는 큰 기업이지만 출판 부서에서 제작을 했을 것이다. 그리고 기존에 학원 납품용으로 큰 수익을 거둬 온 성공 방정식을 크게 바꾸지 않았을 것이다. 사실 출판사라는 곳은 영상을 전문으로 하는 곳이 아닌데다가 영상을 제작하려면 적지 않은 투자 비용까지 들어가게 된다. 따라서 교재 제작팀에서는 굳이 잘되고 있는데 그런 리스크를 감수하고 싶지 않았을 듯하다. 만약 시장의 변화를 읽었다 하더라도 기존에 잘되는 사업에 수정을 가하기 위해서는 해당 담당자가 총대를 메야 한다. 그러기에, '우리 인터넷 강의를 찍어 보면 어떨까요?'라는 아이디어는 수면 밖으로 나오지 않았을 것이다. 물론 그런 아이디어가 설사 나왔더라도 책임에 대한 부담 때문에 상사에 의해 무시되었을 가능성도 있다.

내가 노릴 부분은 바로 그 지점이었다. 투자에 대한 책임을 없애고 내가 그 총대를 메는 일이다. 이렇게 해서 인터넷 강의 제작에 들어가는 모든 투자는 내가 책임진다는 점을 밝히고, 명확하게 어떻게 수익을 배분할지를 알려 주면 될 것 같았다. 거기다 '지금 COVID-19가 창궐하고 있으니 비대면 강의가 최적의 방법이다'라는 사업적 명분까지 제시해 주면 훌륭한 제안이 될 수 있으리라고 봤다. 동시에 나 스스로의 확신도 단단히 할 필요가 있었다. 실제 투자 비용이 들어가는 일이기 때문에 확신이 서지 않으면 끝까지 밀어붙이지 못할 수도 있었다.

보통 매우 의미 있는 실천은 내가 무엇인가를 했을 때 '최초'이거나 '최고'일 때이다. 비록 성공을 못해서 '최고'라는 말은 못 들어도 '최초'라는 타이틀은 남길 수 있다. 그런데 더 나아가 당시의 나는 '최고'까지 될 수 있는 자신감이 있었다. 한마디로 설사 나의 투자가 실패해도 잃을 것은 전혀 없었다. 이러한 포지션은 상대 회사도 마찬가지였다. 자신들의 돈은 들어가지 않으니 실패해도 상관이 없고 오히려 인터넷 강의는 남아서 꾸준하게 교재를 판매할 수 있었다.

바로 이러한 구조를 만드는 것이 '거절할 수 없는 제안'을 만드는 방법이다. 결국 나는 A사에 아주 구체적으로 제안했고, 오래지 않아 그 제안은 성사될 수 있었다. 결국 그 인터넷 강의는 순조로운 촬영을 마치고 론칭했으며 의미 있는 매출을 올릴 수 있었다.

만나고 싶은 누군가를 만나고, 회사에 제안을 해서 매출을 만들어 내는 일은 매우 흥미롭고 도전적이다. 거기다 이 정도의 수준에 오를 수 있다면 이제 최상위층의 사이클을 돌리는 데에도 결코 무리가 없다.

번아웃을
피하는
생활의 기술

　성공을 향해 상승해 나갈 때 갑작스럽게 만날 수 있는 복병이 있다. 바로 '번아웃'이다. 신체적·정신적으로 극도의 스트레스가 닥쳐 와 무기력해지는 현상을 말한다. 나 역시 성과가 나오기 시작하면 일이 재미있어지고 그러다 보면 아침 6시면 저절로 눈이 떠져 그때부터 밤 12시까지 자신을 몰아붙이곤 했다. 그러다 보니 어느 순간에는 탈이 나면서 더 이상 그

생활을 견디지 못하곤 했다. 그때는 상황을 관리하는 특단의 대책이 있어야만 한다.

다만 번아웃에 대해서는 몇 가지 오해가 있다. 번아웃이 꼭 부정적인 것만은 아니며, 번아웃에도 레벨의 차이가 있어서 반드시 일을 엄청나게 잘하는 사람에게만 생기지 않는다는 사실이다. 또 하나 '푹 쉬는 것'만이 번아웃을 해결하는 방법도 아니다.

쉬는 것보다 관리하는 방법이 더 효율적

번아웃은 일을 엄청나게 열심히, 많이 하는 사람에게만 다가오는 것은 아니다. 예를 들어 2시간이 넘는 마라톤을 한 후에도 숨만 헐떡일 뿐 그다지 힘들어 하지 않는 사람도 있지만, 단 30분만 달리기를 해도 힘들어 죽겠다는 사람도 있다. 누군가 마라톤을 하는 사람의 예를 들면서 "도대체 30분이 뭐가 힘드냐"고 질책을 해도 그 사람은 "이제 죽어도 더 못 달리겠어"라고 말한다.

번아웃도 이와 마찬가지다. "나 지금 번아웃이야"라고 말해도 누군가 보기에 그 업무의 성과는 그리 대단치 않을 수 있다. 하지만 어쨌든 번아웃은 번아웃이다. 레벨이 다를 뿐 30분만 달린 사람에게 "너 정도는 번아웃도 아니야"라고 말할 수는 없다. 따라서 이제 막 초보 단계에서 실행력에 가속도가 붙어 2~3개월 정도 몰입한 사람들에게도 얼마든지 번아웃은 올 수 있다.

번아웃에 대한 두 번째 착각은 꼭 나쁘지는 않다는 점이다. 나 역시 몇 번의 번아웃을 겪은 후에는 한계를 알게 되고, 평소에 '아, 내가 지금 번아웃으로 가기까지 어느 정도의 상태구나'라는 것을 느끼곤 한다. 이때 재빠르게 관리를 하면 번아웃까지 가지 않는다. 160k m로 달리면 탈이 나는 것을 알게 되니 이제는 적절하게 130~140km로 알아서 속도 조절을 한다는 이야기다. 이는 번아웃 경험이 주는 또 하나의 고급 자기관리의 기술이다.

번아웃에 대한 세 번째 오해는 '푹 쉬면 제대로 돌아오겠지'라는 것이다. 따라서 어떤 사람은 이 쉬는 기간을 일종의 휴가로 생각해 극한까지 자신을 몰아붙였다가 잠시 쉬고 다시 극한으로 달려가기를 반복한다. 물론 이렇게 쉬는 것을 중간다리로 해서 자신을 관리하는 것도 방법이라면 방법이다. 하지만 문제는 쉬는 시간 동안 일은 완전히 멈춰야 하고, 다시 일에

착수할 때 시간이 꽤 걸린다는 점이다. 그런 점에서 차라리 번아웃까지 가지 않게 중간 중간에 관리를 해 주는 것이 일의 지속성 면에서도 도움이 되고 시간도 낭비하지 않는다.

나는 몇 번의 번아웃을 거치면서 이를 관리할 수 있는 몇 가지 방법을 알아낼 수 있었다. 첫 번째로는 하루 혹은 주 단위의 업무 계획을 세울 때 반드시 그 중간 중간에 업무 공간을 벗어나 '이동'하는 스케줄을 넣는다. 하루 종일 같은 공간에서 회의하고, 원고 쓰고, 영상 찍고, 공부를 하다 보면 답답함을 느끼게 되고 그것이 축적되면 정신적으로 피로해지기 일쑤다. 이럴 때는 내 일상의 '배경 그림'이 바뀔 수 있도록 걸어서 또는 차를 타고 이동한다. 이것은 일을 중간 중간 끊기 위한 강제화라고 봐도 될 것이다. 이렇게 하면 급격하게 높아지는 스트레스 게이지가 줄어든다.

배경을 바꾸고 비율을 낮추고

두 번째는 사람을 만나는 스케줄을 넣는 것이다. 대체로 많은 종류의 업무는 오로지 혼자 하는 경우가 많다. 팀을 짜서 일을 하기도 하지만, 협업하기 전에 반드시 혼자서 일해야 하는 시간이 있다. 따라서 이렇게 혼자 일하는 시간이 길어지면 외로움을 느끼곤 한다. 물론 만났을 때 오히려 더 피곤해지는 사람도 있지만, 잘 살펴보면 자신에게 힐링이 되는 사람이 있다. 이렇게 사람 만나는 일을 섞게 되면 완충 역할을 하면서 긴장감을 다소 낮출 수 있다.

세 번째는 업무의 포트폴리오를 다시 짜는 일이다. 지금 자신이 하고 있는 여러 업무의 목표를 재점검하면서 특정 업무에 과도한 압박이 가지 않도록 만든다. 몇 가지의 주식을 비율별로 잘 섞어서 안정적으로 운용해 나가는 것을 주식시장에서는 포트폴리오라고 하는데, 업무에서도 과도하게 압박받는 업무가 있다면 목표 수치를 낮추거나 마감 시간을 조금 더 잡아 주는 방식으로 포트폴리오를 운영하는 것이다. 한마디로 과부하가 걸린 업무를 재조정하는 방법이다. 이런 업무 포트폴리오는 한 달에 한두 번 정도 해 주면 충분하다.

마지막으로는 멀티 잡의 개수를 줄이거나 사이사이에 빈 공간을 배치하는 것이다. 업무의 종류에 따라서 딱 한 가지 일만 할 수도 있지만, 직장이 아닌 개인 브랜드로 일을 하는 사람이라면 대체로 여러 일을 한꺼번에 한다. 번아웃은 업무의 강도가 세기 때문에 발생하기도 하지만, 업무의 개수가 많기 때문에 생기기도 한다. 특히 '쉬워 보이는 일'일수록 여러 가지를 한꺼번에 하고 그럴수록 에너지가 더 많이 소요된다. 비록 쉬워 보이는 일이라도 하나의 일에 집중한 후 생각을 이동시켜 다른 일을 하면 이 사이사이에 많은 에너지가 들어가게 된다. 따라서 이럴 때는 업무의 전환 측면에서 시간적 간격을 조금 더 많이 둔다든지 아니면 아예 멀티 잡의 개수를 줄이면서 다소 넉넉한 여유를 확보할 필요가 있다.

번아웃은 갑작스럽게 찾아오는 것 같지만 실은 서서히 자신을 축내는 상태가 꽤 오래 지속된 후 나타나는 결과다. 따라서 번아웃에 한꺼번에 대처하는 방법은 없다고 봐야 하며, 평소의 관리만이 유일한 답이다. 160km로 달리다가 갑자기 멈춰서 한동안 0km가 되는 것보다는 130km로 쉼 없이 꾸준하게 달리는 것이 더 지혜로운 방법임에는 틀림없다.

휴식의 기술,
단절된 시공간으로의 진입

번아웃이 왔거나 올 것 같으면 반드시 휴식을 취해야 한
다. 중요한 점은 '휴식 기술'이다.

나는 보통 심리적 압박을 받기 시작할 때, 즉 100%의 능
력에서 70% 정도가 찼다 싶으면 그때부터 휴식을 계획한다.
대체로 짧은 휴식을 위해서는 내가 있는 곳 근처의 만화방을
찾는다. 그런데 이것도 여러 번 하다 보니 오히려 마음이 쫓긴
다는 사실을 경험하게 되었다. 그러니까 '1시간 정도를 쉬고
싶으니 1시간을 계획 잡고 만화방에 가자'고 하게 되면 그 휴
식의 시간마저 '1시간'이라는 틀에 갇혀 심리적 압박감을 받는
다.

그때부터 나는 일단 '3시간'을 아예 잡아 놓은 뒤 1시간 정도만 만화방에 있다가 돌아온다. 이렇게 하면 마치 내가 시간 부자가 된 것 같고 마음이 안정된다. 내 수중에 100만 원이 있을 때 마음 편하게 3만 원을 쓰는 것과 5만 원이 있을 때 3만 원을 쓰는 느낌은 다르다. 아무래도 후자는 똑같은 3만 원을 써도 압박을 받게 마련이다. 그런 점에서 '3시간 잡고 1시간만 쓰기'는 빡빡한 휴식 계획에서 오는 번아웃을 막아 주는 역할을 해 준다.

조금 길게 휴식할 때는 온전히 하루를 빼는 경우가 많다. 집에서 2~3시간만 운전해도 바다가 보이는 곳이 있으니 그곳에서 바다와 주변의 산을 둘러보면서 과업의 강도를 현저하게 낮춰 버린다. 그러면서 그간 밀렸거나 앞으로 해야 할 일 중에 '간단한 것들'을 위주로 부담없이 업무를 하기도 한다.

2박 3일 정도의 장기적 휴식을 계획할 때도 있다. 이제는 결혼을 했으니 아내에게 허락을 받고 혼자서 여행을 떠난다. 물론 여행을 간다고 해서 멍하게 하늘만 쳐다보는 것은 아니다. 이때도 나에게는 새로운 과업이 주어지지만, 대체로 매우 좋아하고 만족스러운 일이다. '맛있는 순두부집에 아침 일찍 가서 혼자 먹기'라거나 주변의 브런치 가게를 찾아내서 '아무도 없는 브런치 가게에서 밥 먹기'를 하기도 한다.

'혼자'라는 콘셉트를 설정하는 것은 '세상과의 단절'이라는 느낌을 얻기 위해서다. 보통 번아웃은 '시간과 공간의 부족함'에서 오는 경우가 많다. 따라서 도시의 사무 공간에 갇혀 톱니바퀴처럼 시간을 촘촘하게 쓰는 일이 계속 축적되면 아무래도 압박감을 받게 마련이다. 따라서 이런 상황을 바꾸기 위해서 아무도 없는 공간에서 나만의 프로젝트를 진행시킨다. 이러한 해방감이야말로 번아웃을 역전해 나를 스스로 치유하는 매우 효율적인 방법이 된다.

어떻게 원하는 삶을 살 것인가?
초격차 성공 수업

1판 1쇄 인쇄 2022년 2월 4일
1판 1쇄 발행 2022년 2월 11일

지은이 유근용, 허준석
발행인 김형준

편집 이병철
마케팅 김수정
디자인 섬세한 곰 김미성

발행처 체인지업북스
출판등록 2021년 1월 5일 제2021-000003호
주소 서울특별시 은평구 수색로 217-1, 410호
전화 02-6956-8977
팩스 02-6499-8977
이메일 change-up20@naver.com
홈페이지 www.changeuplibro.com

© 유근용, 허준석, 2022

ISBN 979-11-91378-11-5 13190

이 책의 내용은 저작권법에 따라 보호받는 저작물이므로, 전부 또는 일부 내용을 재사용하려면 저작권자와 체인지업의 서면동의를 받아야 합니다.

잘못된 책은 구입처에서 바꿔드립니다.
책값은 뒤표지에 있습니다.

체인지업북스는 내 삶을 변화시키는 책을 펴냅니다.